우주에 투자합니다

BOOK
JOURNALISM

우주에 투자합니다

발행일 ; 제1판 제1쇄 2021년 1월 11일
지은이 ; 한대훈·나승두·김수정 발행인·편집인 ; 이연대
주간 ; 김하나 편집 ; 이세영 제작 ; 강민기
디자인 ; 최재성·유덕규·김지연 지원 ; 유지혜 고문 ; 손현우
펴낸곳 ; ㈜스리체어스 _ 서울시 중구 삼일대로 343 9층
전화 ; 02 396 6266 팩스 ; 070 8627 6266
이메일 ; hello@bookjournalism.com
홈페이지 ; www.bookjournalism.com
출판등록 ; 2014년 6월 25일 제300 2014 81호
ISBN ; 979 11 90864 68 8 03300

BOOK
JOURNALISM

우주에 투자합니다

한대훈 · 나승두 · 김수정

; 체제 경쟁의 산물이었던 올드 스페이스는 민간 기업이 참여해 수익성으로 연결되는 뉴 스페이스로 변하고 있다. 더 이상 무의미하게 막대한 비용을 우주에 지불하는 일은 없을 것이다. 민간 기업은 체제 경쟁에는 큰 관심이 없다. 수익성 있는 사업을 통한 부의 창출이 목표다. 우주 경쟁은 이제 우주에서 어떻게 돈을 벌 수 있을까의 문제로 바뀌고 있다.

차례

프롤로그   우주는 이미 우리 앞에 있다

우리에게 우주는 미지의 세계였다. 가보지 못했고, 누군가 우주에 가는 것을 보기도 어려웠다. 어릴 적 미술 시간에 상상화에서나 그릴 법한 것이었다. 우주는 항상 우리와 함께했지만 늘 동경과 미지의 세계였고, 위대한 과학자들이 꾸준히 연구했음에도 불구하고 가볼 수 없는 막연한 곳이었다.

하지만 1969년 인류 최초로 닐 암스트롱Neil Armstrong이 달에 발을 내딛는 장면이 TV를 통해 전 세계의 전파를 타면서 상황은 조금씩 달라졌다. 미지의 세계였던 우주에 인간이 갈 수 있다는 꿈이 생긴 것이다. 당시 TV를 보며 언젠간 우주에 가겠다는 꿈을 키운 어린이들도 많았다. 아마존닷컴Amazon.com의 창업자 제프 베조스Jeff Bezos도 그중 한 명이었다. 달에 발을 내디뎠던 닐 암스트롱은 "개인에게는 작은 발걸음에 불과하지만 인류에게는 위대한 도전의 시작"이라는 말을 남기며 많은 이들에게 꿈과 희망을 줬다.

이후에도 우주에 가려는 인류의 노력은 계속됐다. 하지만 로켓을 발사할 때마다 수천억 원에 달하는 막대한 비용이 문제였다. 단지 가보고 싶다는 이유로 무작정 로켓을 쏠 수는 없었다. 기술 개발이 완전하지 않아 사고도 잦았다. 1986년 1월 미국의 우주 왕복선 챌린저호가 발사 73초 후 고체 연료 추진기의 이상으로 폭발해 7명의 대원이 희생되는 등 사람이 죽고 다치는 일도 많았다.

1991년 소련이 붕괴하면서 우주 개발은 동력을 상실했다. 우주 전쟁은 미국과 소련 간 체제 경쟁의 산물이었기 때문이다. 두 나라는 막대한 돈을 들이면서 체제의 우월함, 과학 기술을 과시하기 위해 우주로 향했다. 하지만 소련이 몰락하면서 소련에게도, 미국에게도 그래야 할 이유가 사라졌다. 미국에서는 오바마 대통령이 취임하면서 우주 산업 예산 비중이 더욱 줄었다. 2011년 7월 우주 왕복선 아틀란티스호의 33번째 비행을 끝으로 우주 왕복선 프로그램도 종료됐다. 그렇게 우주는 여전히 미지의 세계로 남고, 인류의 우주여행 계획도 무산되는 듯했다.

우주 산업에 대한 관심이 꺼져 가던 미국을 자극한 것은 우주 굴기를 내세운 중국이다. 중국은 미국도 가보지 못한 달의 뒷면에 착륙했다(1969년 미국 아폴로호는 달의 앞면에 착륙했다). 이제는 미국을 제치고 세계에서 로켓을 가장 많이 쏘아 올린 국가에 이름을 올렸다. 다급해진 미국은 다시 우주 경쟁에 뛰어들었다. 지구에서도 패권 경쟁을 하는 두 나라는 이제 우주로 전장을 넓혔다. 하지만 나사NASA의 경쟁력은 예전만 못하다. 예산이 계속해서 줄었기 때문이다.

이를 틈타 두 명의 천재가 서로 우주에 가겠다며 경쟁하고 있다. 어려서부터 SF 소설을 즐겨 읽고, 우주를 사랑했던 일론 머스크Elon Musk와 제프 베조스다. 이들은 국가가 우주 개발을 주도하는 것이 아닌, 민간 기업이 우주를 활용해 돈을 버는 뉴 스페이스new space 시대를 꿈꾼다. 이들에게 체제 경쟁은 관심사가 아니다. 우주여행, 저궤도 인공위성, 화물 운송 등을 통해 우주 비즈니스를 확장하는 것이 목표다. 일론 머스크와 제프 베조스는 각각 스페이스XSpaceX와 블루오리진Blue Origin을 이끌고 있다. 뉴 스페이스 시대의 상징과도 같은 기업들이다.

우주 개발 기술은 경쟁을 먹고 자라 왔다. 미국과 소련의 냉전 체제가 없었다면, 그리고 미국과 체제 전쟁 중이던 소련이 미국보다 빠르게 인공위성 개발에 성공하지 못했다면, 미국의 우주 산업은 지금처럼 발전하지 못했을 것이다. 우주 굴기를 내세우며 무섭게 추격한 중국이 없었다면, 미국은 다시 우주 산업에 관심을 두지 않았을 것이다. 마찬가지로 우주를 사랑한 일론 머스크와 제프 베조스 간의 경쟁이 없었다면 민간 기업이 우주 산업에 참여하는 뉴 스페이스 시대가 없었을 수도 있다. 라이벌의 존재는 꺼져 가던 우주여행의 꿈을 점차 실현하고 있다. 라이벌은 서로 그저 싸우기만 하는 관계가 아니다. 라이벌의 어원은 강江을 뜻하는 라틴어 'rivus'다.[1] 같은 강을 두고 싸우는 사람들이라는 의미다. 즉, 같은 목표를 향해 경쟁하면서 발전하는 관계다.

막연하기만 했던 우주가 우리에게 성큼 다가오고 있다.

물론 누군가는 우주여행이 뭐 그렇게 대단하냐고 반문할 수도 있다. 하지만 우주여행만으로 뉴 스페이스 시대의 모든 것을 설명할 수는 없다. 이제 우주는 수익을 창출한다. 상용화 단계에서 가장 앞서 있는 저궤도 인공위성 사업은 이미 시작됐다. 스페이스X의 스타링크 프로젝트는 2021년부터 매달 60기의 저궤도 인공위성을 발사할 계획이다. 저궤도 위성을 통한 인터넷 및 통신망 구축, 관측을 통한 지형, 환경 등의 데이터 확보 등 가능성과 잠재력이 있는 사업이 무궁무진하다.

특히 전 세계에서 가장 높은 관심을 받는 회사인 테슬라와 아마존이 각각 스페이스X와 블루오리진을 통해 플랫폼 회사로 발돋움하려고 한다. 인터넷, 통신망 사업뿐 아니라 플랫폼 업계의 지각 변동도 예상된다. 단순히 '우주 비즈니스? 음, 재미있겠다. 근데 이게 과연 가능하겠어?'라고만 생각하면 시대의 빠른 변화를 놓칠 수도 있는 시점이다. 기회는 새로운 시대가 올 때 찾아온다.

이 책은 우주 산업이 어떻게 발전해 왔는지, 우주가 왜 중요하며 앞으로 어떤 방향으로 인간이 우주에 진출할지를 담고 있다. 민간 기업들은 우주선을 발사했고, 유인 우주선을 우주로 보냈으며, 과학 기술 선진국들은 우주 산업에 막대한 투자를 천명했다. 이제 더 이상 우주는 미지의 세계가 아니다. 상상 속에서만 과학 기술이 구현되는 막연한 공간도 아니다.

우주는 점차 우리의 삶으로 가까이 다가오고 있다. 막연하기만 했던 우주 산업, 뉴 스페이스 시대를 이해하는 데 조금이나마 도움이 되길 바란다.

1

올드 스페이스 ;
우주배 기술 배틀

스타워즈의 시작

1945년 9월 인류 역사상 가장 많은 인명과 재산 피해를 남긴 2차 세계 대전이 끝났다. 하지만 전쟁은 완전히 끝나지 않았다. 미국과 소련은 본능적으로 다음 전쟁을 직감했다. 패권을 잡기 위한 치열한 전쟁, 즉 냉전 체제다. 강력한 경쟁자를 상대하기 위해 두 나라는 단순한 군사력 증강을 넘어 과학 기술 발전에 눈을 돌렸다. 두 나라는 패전국인 독일의 나치 정권에서 일하던 과학자를 포섭할 계획을 세우게 된다. 특히 미국은 인재들을 소련에 빼앗기기 전에 미국으로 불러들여 미국을 위해 일하게 하는 오버캐스트overcast 작전을 계획했다. CIA의 전신이라 할 수 있는 OSS(Office of Strategic Services, 미국 전략 사무국)가 이 작전을 진두지휘했다. 독일의 과학 기술을 빠르게 흡수하고, 미래를 준비하겠다는 의도였다. 소련 역시 마찬가지였다.

　　독일이 당시 과학 강국이었던 이유는 이렇다. 전쟁에서 홀로 모든 유럽 국가를 상대하면서 군대에 필요한 물자나 자금을 확보하는 부분에서 불리했던 독일은, 이를 극복하기 위해 첨단 무기들에 대한 연구를 활발히 했다. 군사력 또한 막강했다. 독일은 열세였던 전쟁의 국면을 타개하기 위해 신무기에 막대한 투자를 했다. 제트 항공기, 대공 미사일과 같이 실전에 투입할 수 있을 정도로 실용화된 기술도 많았다.

미국은 독일의 비밀 병기 실험장이었던 페네뮌데Peenemünde에서 V-2 로켓 개발을 진행하던 과학자들을 대규모로 포섭하기로 했다. 특히, 미국이 가장 관심 있게 지켜본 인물 중 한 명이 바로 V-2 로켓을 개발한 베르너 폰 브라운Wernher von Braun이다. 폰 브라운은 2차 세계 대전이 막바지로 치닫던 1945년에 독일의 패전을 예감했다. 동생과 함께 미국에 투항할 기회를 엿보기 위해 오스트리아로 이동했고, 오스트리아의 한 도로에서 44보병 사단 소속의 군인에게 걸어가 자신이 독일 최고 비밀 무기 개발 책임자라고 소개하며 미국에 망명 의사를 타진했다.[2]

이렇게 미국으로 들어온 폰 브라운은 로켓의 선구자라 불리며 우주 개발의 새로운 역사를 썼다. 특히 우주선을 만드는 데 큰 영향을 끼쳤다. 폰 브라운이 고안한 디자인은 1950년대부터 우리가 알고 있는 우주선에 대한 이미지와 공학 원리 대부분에 영향을 미쳤다. 3단으로 이뤄진 로켓 디자인, 많이 쓰이는 추진체와 연료, 귀환하는 캡슐을 선박으로 회수하는 시스템, 나사의 초기 우주 정거장 디자인과 화성 탐사 계획 등이 모두 폰 브라운이 갖고 있던 아이디어와 그의 설계도에서 나왔다. 그는 1단 S-IC, 2단 S-II, 3단 S-IVB, 그리고 자동 제어 장치로 구성된 로켓 개발을 계획했다. 각 단에는 로켓을 분리하고 연료를 탱크 바닥의 강압 펌프로 보내기 위한 소형의 고체 연료 로켓을 탑재시킨다는 계획도 갖고 있었다. 그는 훗날 대형 로켓 새턴 5호Saturn V의 달 탐사 계획을 총지휘했다.

하지만 소련이 한발 빨랐다. 1957년에 인류 최초의 인공위성인 스푸트니크 1호Спутник-1를 발사하는 데 성공한 것이다. 소련은 냉전 체제에서 공산주의 진영의 중심축이었다. 하지만 당시만 해도 미국을 비롯한 서구 국가들은 소련을 크게 경계하지 않았다. 모든 면에서 서구가 소련보다 앞서 있고, 과학 기술 또한 월등하다고 생각했기 때문이다. 소련의 스푸트니크 1호 발사 성공은 미국을 크게 뒤흔들었다. '스푸트니크 충격sputnik crisis'이라는 영어 표현이 생겼을 정도다. 소련이 세계 최초로 인공위성을 쏘아 올렸다는 사실뿐 아니라 대륙을 넘어설 수 있는 로켓 기술을 먼저 보유하면서 핵탄두를 장착한 미사일이 미국 본토를 선제공격할 수 있다는 사실은 공포로 다가왔다. 게다가 소련은 뒤이어 스푸트니크 2호의 발사에도 성공하는데, 이때 라이카Lika라는 개를 함께 우주선에 실었다. 인류 역사상 처음으로 생명체를 성공적으로 쏘아 올릴 수 있게 된 것이다. 이때 발사된 스푸트니크 2호의 무게는 500킬로그램에 달했다. 대용량의 수소 폭탄을 실은 미사일을 쏘아 올릴 만한 기술을 보유하고 있음을 보여 준 것이다.

스푸트니크의 성공적인 발사는 소련 국민들에게 희망과 용기를 불어넣었다. 하지만 냉전의 상대였던 미국 국민들에게는 충격 그 자체였다. 미국은 다급해졌다. 미국도 인공위성을 쏘아 올릴 수 있다는 것을 미국 국민들뿐 아니라, 경쟁국인 소련에 보여 줘야 했다. 급기야 소련이 스푸트니크 1호를 쏘아 올린 뒤 두 달 후, 뱅가드 1호Vanguard 1 위성을 발사했다. 전 세계에 생중계까지 했지만 1미터 정도 올라가다 폭발하고 말았다. 미국은 국제적인 망신을 당했다. 당시 소련의 흐루쇼프 서기장은 선봉을 뜻하는 뱅가드보다 후위를 뜻하는 리어가드rearguard로 부르는 게 낫겠다며 미국의 심기를 건드렸다. 미국 해군의 뱅가드 프로젝트는 백악관의 신뢰를 잃었고, 로켓 개발은 육군의 베르너 폰 브라운 팀으로 넘어갔다. 브라운은 1958년 1월, 익스플로러 1호Explorer-1를 성공적으로 발사시키며 백악관의 기대에 어느 정도 부응했다. 하지만 인류 최초로 위성을 발사하려던 미국의 야심 찬 계획은 실패했다. 우주 전쟁의 1라운드는 결국 소련의 승리였다.

원하는 건 오직 '최초'

미국은 위기감을 느꼈다. 당시 드와이트 D. 아이젠하워Dwight D. Eisenhower 대통령은 이듬해인 1958년 나사를 설립하고 본격적인 개발에 뛰어들었다. 미국과 소련의 본격적인 우주 전쟁이 시작되는 순간이다. 이후 미국은 소련과의 경쟁에서 승리하기 위해 막대한 예산을 나사에 배정했다. 나사를 설립하자마자 8900만 달러의 예산을 배정했고, 점차 액수를 늘려 갔다. 1960년에 나사 예산은 4억 달러(4370억 원)를 돌파했다. 1966년에는 59억 3000달러(6조 4800억 원)를 기록하며 정점을 찍었다. 이는 당시 미국 정부 전체 예산의 4.41퍼센트에 해당하는 금액이었다. 그 사이에 소련의 우주 비행사 유리 가가린Yuri Gagarin은 인류 최초로 지구 궤도를 찍고 돌아오는 데 성공했다. 미국은 우주와 관련된 모든 '최초'의 타이틀을 소련에 뺏기고 말았다. 아이젠하워 대통령의 후임이었던 존 F. 케네디John F. Kennedy 대통령은 10년 이내에 사람을 달에 보내겠다고 발표했다. 달에 사람을 보내는 일만큼은 무조건 소련보다 먼저여야만 했기 때문이다. 이 프로젝트의 중심은 폰 브라운이 됐다. 그가 연합군에 투항한 지 16년이 지난 시점이었다.

폰 브라운은 나사의 마셜 우주 비행 센터Marshall Space Flight Center의 책임자로 임명됐다. 인간을 달에 보내기 위해서는 폰 브라운이 설계한 로켓을 사용할 수밖에 없었다. 미국에서는 그의 로켓 설계가 단연 독보적이었기 때문이다. 소련에 패배한 1라운드 전쟁에서도 폰 브라운이 설계한 익스플로러 1호 발사가 성공해 그나마 미국의 체면이 섰다.[3]

결국 미국과 폰 브라운 박사는 1969년 7월 닐 암스트롱과 버즈 올드린Buzz Aldrin을 달에 보내는 데 성공했다. 닐 암스트롱을 달로 보냈던 새턴 5호는 폰 브라운이 한 연구의 총집합체였다. 마침내 미국이 소련과의 우주 경쟁에서 앞서는 순간이었다. 이후에도 나사의 활약은 계속됐다. 1980년대까지 정부의 전폭적인 지원을 받으며 우주 기술과 우주 산업 발전에 기여했다. 세계의 두뇌들이 나사로 몰렸고, 나사는 혁신의 아이콘이 됐다.

우주를 둘러싼 치열한 경쟁 국면은 소련이 붕괴하면서 달라졌다. 냉전 체제에서 패배한 소련은 경제난에 시달리며 더 공격적으로 우주 산업 발전에 투자할 수 없었다. 라이벌인 소련의 몰락을 지켜본 미국도 체제 경쟁에 집중할 필요가 없었다. 게다가 우주 산업에는 막대한 예산이 필요했다. 체제 경쟁이 사라진 만큼 큰돈을 나사에 들일 이유가 없었다. 혁신의 아이콘으로 불리며 체제 경쟁의 선봉에 섰던 나사는 그렇게 애물단지로 전락했다.

이처럼 2차 세계 대전 이후 미국과 소련은 패권을 잡기 위해 다퉜고, 이 체제 경쟁에서 나온 우주 산업 발전의 시대를 올드 스페이스old space라고 한다. 이 시기 우주는 새로운 과학 기술을 먼저 선보이고 과시하기 위한 장소였을 뿐 그 이상, 그 이하도 아니었다.

물론 단순히 체제 경쟁으로만 끝난 것은 아니다. 미국과 러시아가 서로 과학적 우월함을 과시하기 위해 펼친 각축전은 과학 기술 발전에 지대한 공헌을 했다. 문제는 돈이었다. 우주 발사체를 한 번 쏘아 올리는 데 들어가는 비용은 10억

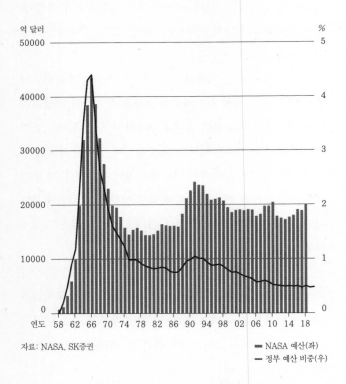

NASA의 예산과 정부 예산 대비 비중 추이

억 달러   %

자료: NASA, SK증권

■ NASA 예산(좌)
━ 정부 예산 비중(우)

달러(1조 930억 원) 이상으로 추정된다. 막대한 비용이 발생하지만, 경제성은 크지 않았다. 발사에 실패해서 수십억 달러를 공중에 날리는 일도 다반사였다. 특히 비용의 대부분을 차지하는 발사체는 한 번 사용하면 재사용이 불가능했다. 비효율의 극치였다. 하지만 미국과 소련은 돈 때문에 자존심 싸움에서 질 수는 없었기에 비효율을 감수했다. 자존심 싸움치고는 두 나라가 제법 큰 비용을 치른 셈이다. 나사는 매년 기하급수적으로 증가하는 우주 개발 비용에 부담을 느꼈다. 돈을 들이는 만큼 벌 수 있다면 미래를 위한 투자를 할 수 있었지만, 상황은 그렇지 못했다. 냉전이 끝난 후 더 이상 체제 경쟁에 막대한 자금을 쏟아부을 필요가 없었다. 1990년대 이후 나사에 배정되는 예산은 점차 감소했고, 현재는 미국 정부 전체 예산의 0.47퍼센트에 불과하다.

결국 미국은 폰 브라운의 기술을 활용해 닐 암스트롱과 버즈 올드린을 달 표면에 착륙시키며 우주 최강국으로서의 위용을 차지했지만, 1979년 12월 이후 유인 우주 비행 계획은 더 이상 진행되지 못했다. 1980년대에는 우주 왕복선을 이용해 지구 저궤도에 올라갔지만, 오늘날에는 러시아 소유즈soyuz 로켓을 빌려 우주인을 우주 정거장에 보내고 있다. 그렇게 올드 스페이스 시대는 막을 내렸다.

중국의 우주몽

돈을 못 버는 우주선 발사는 호응을 얻지 못했다. 이제 우주에서도 돈을 벌어야 했다. 그렇게 동력을 잃고 관심 밖으로 밀려난 우주 전쟁에 다시 불을 지핀 나라가 등장했다. 중국이다.

중국의 경제는 빠르게 성장하고 있다. 이제는 미국의 아성을 위협하는 G2 국가다. 미국과의 경쟁에서 이기기 위해 중국은 4차 산업에 막대한 투자를 하고 있다. 핵심 분야 중 하나가 바로 우주다. 그동안은 과학 기술이 뒤처졌지만, 이제는 괄목할 만한 성장을 했고, 안보와 미래 패권을 위해 우주로 나가고 있다.

중국의 나사로 불리는 CNSA(China National Space Administration)는 중국인들이 달 여행을 할 수 있고, 우주로 가서 우주의 비밀을 캐는 시대를 열겠다는 창어嫦娥 프로젝트를 추진했다. 창어는 중국 신화에 나오는 달의 여신인 상아(항아)의 이름에서 따왔다.[4] 중국은 1994년부터 달 탐사 활동의 필요성을 깨닫고 연구 활동을 지속했다. 마침내 2007년에 창어 1호를 발사했다. 창어 1호는 달 궤도 진입에 성공했다. 중국도 드디어 성공한 우주 강국에 등극하는 순간이었다. 중국은 2010년에 창어 2호, 2013년에 창어 3호를 발사하는 데 성공했다. 중국은 점점 자신감을 얻었다. 이때까지만 해도 미국은 크게 긴장하거나 경계하지 않았다. 하지만 중국은 지난 2018년 무인 달 탐사선 '창어 4호'를 쏘아 올렸고, 2019년 1월 3일에 창어 4호를 발사해 인류 최초로 달 뒷면 착륙에 성공했다.

달 뒷면에 갔다는 건 어떤 의미일까? 달은 자전 주기와 공전 주기가 27.3일로 같아서 지구에 사는 우리는 항상 달의 앞면만 볼 수 있다. 아폴로 달 탐사를 포함해 인류가 달에 보낸 탐사선들도 모두 달의 앞면만 탐사했다. 달의 뒷면까지 갈 만큼 기술이 발전하지 못했기 때문이다. 달의 뒷면을 탐사하려면 지구와 달의 뒷면 사이에 통신이 가능해야 한다. 미국과 구소련은 번번이 실패했었다. 양국이 계속 실패하던 일을 중국이 해낸 것이다. 중국은 통신 중계 위성을 별도로 쏘아 올려 통신 문제를 해결했다. 2018년 6월에 오작교라는 이름의 췌차오鵲橋 위성을 발사해 지구에서는 약 45만 500킬로미터, 달에서 약 6만 5000킬로미터 떨어진 헤일로 궤도halo orbit에 안착시켰다. 헤일로 궤도는 태양과 지구의 중력이 상쇄되는 라그랑주 점lagrangian point 주변에 있다. 이 위치에서 인공위성은 움직이지 않고 고정된 위치를 확보할 수 있었다. 췌차오 위성은 고정된 위치에서 달의 뒷면과 지구를 동시에 바라보며 창어 4호와 중국 베이징에 있는 관제 센터와의 교신을 중계했다.[5] 이렇게 중국은 통신 문제를 해결했다.

우주선이 달의 뒷면에 착륙하는 것 자체도 까다로운 단계다. 달의 뒷면은 달의 앞면보다 분화구가 많다. 미국이 달 뒷면 착륙을 하지 못했던 이유다. 그동안 달 앞면에 착륙했던 탐사선들은 대부분 비스듬한 궤적을 따라 달에 착륙했었다. 하지만 창어 4호는 수직으로 착륙을 시도해 달 뒷면의 분화구와 충돌을 피하고 성공했다.

우주 산업에서 세계 최고라고 자부하던 미국은 또 한 번 위기감을 느꼈다. 미국도 못 한 일을 중국이 계속해서 해냈기 때문이다. 이미 우주 산업과 관련된 기술은 중국이 미국을 넘어섰다는 평가가 나오기 시작했다. 미국 입장에서는 과거 구소련이 먼저 위성을 발사하면서 받은 것 이상의 충격을 받았다. 우주의 주도권을 빼앗긴다는 건 안보 위협으로도 이어질 수 있기 때문이다. 미국 국방부는 보고서를 통해 중국이 미국의 위성을 교란하거나 파괴할 수도 있다고 경고하기도 했다. 과거의 전쟁과 달리 현대전에서는 위성의 역할이 굉장히 중요하다. 중국에 우주 개발 주도권을 내준다는 것 자체가 패권 국가 미국에겐 큰 위협이다.

미국이 2019년 우주군을 창설하자, 중국 외교부는 우주군 창설이 우주의 평화적 사용에 대한 국제적 합의를 심각하게 위반하고, 세계 전략적 균형과 안정성을 훼손해 우주 평화와 안보에 직접적인 위협을 가한다는 논평을 발표했다. 이를 통해서도 우주가 안보에 얼마나 큰 영향을 주는지 엿볼 수 있다. 지구에서 미국과 중국의 패권 전쟁이 한창이듯, 우주에서도 미국과 중국의 경쟁은 치열해지기 시작했다. 현재 달의 앞면에는 미국 성조기가, 달의 뒷면엔 중국의 오성홍기가 나부끼고 있다. 하지만 이미 기술력은 중국이 한 수 위라는 평가가 나오고 있다. 급기야 중국은 2018년 기준으로 세계 최다 로켓 발사국에 등극했다. 중국은 2018년 기준으로 미국(31회)보다 많은 39회에 걸쳐 우주선을 지구 궤도에 쏘아 올렸다. 2019년에 이어 2020년에도 미국을 제치고 3년 연속 세계 최다 로켓 발사국 지위를 유지했다. 인공위성도 상황은 비슷하다. 홍콩 《사우스차이나모닝포스트》에 따르면, 2020년 1~9월 중국이 29대의 인공위성을 우주로 보내 미국의 27대, 러시아의 8대, 프랑스의 6대를 제치고 인공위성 최다 발사국이 됐다.[6]

중국의 우주 굴기는 여기서 끝이 아니다. 중국항천과기집단공사(CASC·China National Space Administration)는 2050년까지 지구와 달을 포괄하는 우주 경제권을 건설한다는 장기 비전을 발표했다. 실현될 경우 연간 10조 달러의 시장을 만들어 낼 수 있다는 것이 중국의 생각이다. 2030년 이전에 기본 연구를 마무리하고, 2040년까지 지구와 달을 오가는 교통 시스템을 구축한다는 단계별 목표도 함께 제시했다. 광활한 우주를 먼저 선점해 막대한 이익을 챙기고, 주도권을 잡겠다는 포석이다. 이런 비전을 갖고 중국은 우주 산업에 엄청난 투자를 하고 있다.

이를 현실화하려는 전략은 현재 진행형이다. 중국은 2020년 7월 화성 탐사선 톈원天問 1호 발사에 성공했다. 톈원은 '하늘에 묻는다'라는 뜻으로 중국 전국 시대 초나라 시인 굴원屈原의 시 제목에서 이름을 땄다. 우주 탐사 등 과학적 진리를 좇는 일은 멀고도 험하다는 뜻을 내포하고 있다. 이제는 달을 넘어 화성까지 영역을 확대하겠다는 심산이다. 중국은 지난 2011년 러시아와 함께 화성 탐사선 잉휘螢火 1호 발사를 시도했지만 실패했는데, 이번에는 자체적으로 개발한 우주 발사체를 이용해 발사에 성공하며 우주 강국의 위용을 뽐냈다. 화성 착륙에 성공한 국가는 현재 미국이 유일하다. 만약 중국의 화성 탐사선 톈원 1호가 화성 착륙에 성공하면 중국은 미국에 이어 세계에서 두 번째로 화성 착륙에 성공한 국가가 된다.

중국은 2020년 11월에는 창어 5호를 발사하는 데 성공했다. 창어 5호는 달의 토양과 암석을 수집해 돌아왔다.[7] 미국과 러시아에 이어 세 번째로 달 샘플 채취에 성공했다. 중국의 창어 5호가 이번에 채취를 위해 달에 착륙한 지점은 암석과 토양이 37억 년 된 곳으로 추정된다. 이는 이전에 미국과 소련이 지구로 가져왔던 샘플보다 최근 것으로 달의 화산 활동을 이해하는 데 큰 도움이 될 것으로 예상된다. 2023년에는 창어 6호, 2024년에는 창어 7호의 발사가 예정돼 있다. 특히 창어 7호는 달의 남극 착륙을 시도할 계획이다. 창어 프로젝트에는 미국을 뛰어넘고 우주 경제권을 실현하겠다는 야심이 담겨 있다.

중국은 그동안 국가 중심의 우주 산업 투자에 집중했

다. 최근에는 민간 기업에도 문호를 개방했다. 미국의 스페이스X가 활약하는 모습에 자극을 받았고, 국가와 기업이 합심해 우주를 선점해야 한다는 위기의식을 갖게 됐기 때문이다. 우주 개발에서는 관료주의적 의사 결정을 벗어나겠다는 의도도 있다. 중국항천과기집단공사의 자회사인 차이나로켓을 비롯해 2020년 7월 민간으로는 처음으로 로켓 발사에 성공한 아이 스페이스(싱지룽야오), 중국 최초로 재사용 로켓 시험 발사에 성공한 링크 스페이스, 원 스페이스(링이쿵젠), 랜드 스페이스(란젠항텐) 등 민간 스타트업들이 잇따라 로켓 발사를 시도할 계획이다.

중국의 무서운 성장으로 다급해진 미국의 트럼프 행정부는 아르테미스artemis 프로그램을 부활시켰다. 아르테미스 프로그램은 2024년까지 다시 달에 사람을 보내겠다는 계획이다. 당초 나사의 목표는 2028년이었는데 4년 앞당겨졌다. 중국과의 우주 경쟁에서 밀리면 군사력에서 뒤처지며 패권 경쟁에서 불리해질 수 있기 때문이다. 민간 기업의 뛰어난 기술도 큰 역할을 했다. 미국이 준비 중인 아르테미스 프로그램에는 과거 프로그램과는 달리 스페이스X, 블루오리진, 록히드마틴, 보잉 등 민간 우주 기업이 참여한다. 나사의 경쟁력과 명성은 과거보다 많이 낮아졌다. 중국과의 우주 전쟁을 벌이기 위해서 나사 혼자 중국에 맞서기는 버겁다. 더구나 예산 삭

감으로 인한 비용 문제도 골칫거리다. 하지만 민간 기업과 손을 잡으면 문제를 해결할 수 있다. 민간 기업과 함께 우주 개발에 나서는 미국은 2024년 유인 달 남극 착륙을 시도할 계획이다. 미국은 우주에 대한 연구를, 민간 기업들은 우주에서 수익을 추구하면서 공공의 경쟁자인 중국과 맞설 것이다. 만약 아르테미스 프로그램이 원활하게 진행되고, 중국의 창어 7호가 예정대로 2024년에 발사되면 미국과 중국이 동시에 달 남극 탐사를 하게 될 가능성도 있다. 광활한 우주에서 그야말로 '영토 분쟁'이 벌어질 수도 있다.

체제 경쟁의 산물이었던 올드 스페이스는 민간 기업이 참여해 수익성으로 연결되는 뉴 스페이스로 변하고 있다. 더 이상 무의미하게 막대한 비용을 우주에 지불하는 일은 없을 것이다. 이제는 돈을 벌어야 한다. 민간 기업은 체제 경쟁에는 큰 관심이 없다. 막대한 비용을 투입하는 만큼 수익성 있는 사업을 통한 부의 창출이 목표다. 우주 경쟁은 이제 우주에서 어떻게 돈을 벌 수 있을까의 문제로 바뀌고 있다.

우주 세계관의 시작

우주 비즈니스라고 하면 테슬라와 스페이스X의 CEO인 일론 머스크를 빼놓을 수 없다. 뛰어난 기술력을 보여 주며 민간 우주 탐사의 시작을 알렸기 때문이다. 그는 성공한 우주 마니아다. 스티브 잡스 이후 최고의 혁신 아이콘이자 괴짜 천재, 세계가 주목하는 인물인 그가 우주 산업에 뛰어든 배경도 오랜 기간에 걸쳐 우주를 사랑하고, 파고들었기 때문이다. 일론 머스크는 어려서부터 SF 소설을 읽는 것을 좋아했다. 특히 러시아 출신의 미국 과학 소설가 아이작 아시모프Isaac Asimov의 소설《파운데이션Foundation》시리즈는 일론 머스크의 인생과 향후 창업에 지대한 영향을 미쳤다. 소설은 은하 제국의 멸망에 대비해 인류의 과학 문명을 보존하기 위해 설립한 '파운데이션'의 성립과 초기 발전 과정을 담고 있다.[8] 우주를 공략하겠다는 일론 머스크의 꿈은 이 책에서 시작됐다고 해도 과언이 아니다. 그의 세계관이 지구를 넘어 우주로 확장된 것이다. 일론 머스크는 훗날 전자 결제 업체 X닷컴(페이팔의 전신)을 창업했고, 매각 후 벌어들인 큰돈으로 어린 시절의 꿈을 이루기 위해 우주 스타트업 스페이스X를 설립했다.

그는 화성 여행에 대한 꿈을 이루기 위해 우선 로스앤젤레스Los Angeles로 이사를 했다. 전기인《일론 머스크, 미래의 설계자》에서 머스크는 자신을 짜릿하게 만들었던 것은 로스앤젤레스의 현란하고 웅장한 분위기가 아니라 우주의 부름이 었다고 회상한다. 당시 머스크가 로스앤젤레스를 거주지로 택한 이유가 있다. 우주에 접근하거나 최소한 우주 산업에 접근하기 상대적으로 쉬웠기 때문이다.[9] 캘리포니아 남부는 기후 변화가 없고 날씨가 온화하다. 이 때문에 1920년대 미국의 군용기 제조사인 록히드마틴Lockheed Martin의 전신이라 할 수 있는 록히드 에어크래프트 컴퍼니Lockheed Aircraft Company가 할리우드에 둥지를 튼 이후로 항공 산업계에 로스앤젤레스의 인기가 높았다. 머스크는 당시 우주 탐사와 관련해 자신이 정확히 어떤 일을 하고 싶은지 알지 못했다. 하지만 로스앤젤레스에 있기만 해도 세계를 선도하는 항공 전문가를 만날 수 있다는 사실을 깨달았다. 우주 산업과 관련한 아이디어가 떠올랐을 때 전문가의 도움을 받아 수정하거나 구체화할 수 있고, 사업을 추진하기 위해 많은 인재를 끌어들이기도 쉬웠다.

이후 머스크는 항공 산업과 관련된 물리학을 공부하기 시작했다. 훨씬 저렴하게 로켓을 만드는 방법을 찾기 위해서다. 이후 화성에 지구인들을 살게 하겠다며 우주 스타트업을 만들었다. 머스크는 왜 화성에 집착하는 걸까. 화성 탐사는 인류의 생존을 의미한다. 그는 지금까지 인류가 적어도 다섯 번 정도의 멸종 위기를 겪었으며 언제라도 비슷한 사건이 일어날 수 있다고 경고한다. 실제로 지난 1989년 아스클레피오스

Aesculapius 소행성은 지구와 불과 6시간 차이로 충돌을 피했다. 아스클레피오스는 600메가톤급의 위력을 갖고 있었다. 이는 핵무기의 12배가 넘는 위력이다.[10] 당시 지구와 아스클레피오스 소행성이 충돌했다면 생각만 해도 아찔한 상황이 벌어졌을 것이다. 머스크에게 화성 거주는 인류의 생존을 위해서라도 반드시 이뤄야 하는 미션이다.

비슷한 꿈을 가진 또 한 명의 괴짜가 있다. 다섯 살 때 아폴로 11호가 달에 착륙하는 장면을 흑백 TV로 지켜보고, 일론 머스크와 마찬가지로 어려서부터 SF 소설을 읽는 것을 좋아했다. 그는 달에 놀이공원을 개발하는 상상을 했고, 반드시 꿈을 이룰 것이라고 다짐했다. 프린스턴대학에 진학한 그는 우주 탐사 개발 학생회SEDS 회장을 역임했다. 동료 학생들에게 지구는 유한하기 때문에 세계 경제와 인구가 계속해서 성장하려면 우주로 나아가야 한다는 본인의 생각을 전파했다. 어렸을 때의 생각은 지금 고스란히 비즈니스로 이어지고 있다. 세계 최대의 기업 중 하나인 아마존닷컴을 설립한 제프 베조스의 이야기다. 머스크처럼 어려서부터 우주를 사랑했던 그는 지난 2000년 우주 로켓 기업인 블루오리진을 설립했다.

그는 매년 본인이 소유한 아마존닷컴의 주식을 팔아 블루오리진에 투자하고 있다. 지난 2017년에는 자신이 소유한 아마존닷컴 주식 지분의 약 0.2퍼센트에 달하는 9억 4000만 달러(1조 260억 원)를 매각해 블루오리진에 투자했고 2020년 8월, 31억 달러(3조 3800억 원) 규모의 주식을 매각했다. 그만큼 블루오리진에 대한 애정이 깊다는 뜻이다. 그가 우주에 대해 상상했던 것들을 실현하는 수단이기 때문이다.

일론 머스크와 제프 베조스. 두 거물은 민간 기업이 참여하는 뉴 스페이스 시대를 이끄는 가장 대표적인 인물이다. 둘은 지구에서 벌이는 사업으로는 딱히 부딪칠 일이 없다. 각각 전기차와 온라인 쇼핑으로 주력 사업 분야가 다르기 때문이다. 하지만 우주에서는 치열한 선의의 경쟁자다.

두 사람은 서로 다른 스타일로 우주 산업을 이끌어 간다. 언론과 접점이 많고 쇼맨십이 강한 머스크 덕분에 스페이스X는 유명세를 치렀고, 우주 산업의 대표 기업이 됐다. 머스크는 사람들을 화성으로 데려가 식민지를 만드는 게 목표라고 했고, 개인이 화성으로 가기 위해서는 50만 달러(5억 4600만 원) 정도가 들 것이라고 비용까지 추정했다.

반면 조용하고 대중에 모습을 드러내지 않는 베조스는 스페이스X보다 2년 앞서 우주 스타트업을 설립했지만 일론 머스크만큼 행보가 잘 알려지지 않았다. 블루오리진을 처음 만들 때도 언론 노출 없이 조용히 시작했다. 첫 관련 인터뷰를 한 건 회사 설립 후 5년이 흐른 2005년이었다. 언론에서는 일론 머스크와 제프 베조스를 토끼와 거북이에 비유하기도 한다. 비슷한 시기에 회사를 설립했지만 일론 머스크는 정신없이 달려온 토끼, 제프 베조스는 신중하게 한 발 한 발 움직이는 거북이라는 뜻이다. 실제로 블루오리진의 모토는 '한 걸음씩 담대하게'였고, 거북이는 블루오리진의 마스코트였다. 제프 베조스는 미국 해병대 네이비실Navy SEAL의 신조인 '느림은 부드럽고 부드러움은 '빠르다Slow is smooth and smooth is fast'를 격언으로 생각하고 있다고 한다.[11]

　　이렇게 서로 다른 두 사람의 경쟁이 본격화한 건 지난 2004년으로 거슬러 올라간다. 우주에 대한 서로의 높은 관심을 알아본 머스크와 베조스는 식사 자리를 갖게 된다. 두 사람은 로켓에 관해 대화를 나눈 것으로 알려졌다. 하지만 훗날 머스크는 당시 베조스가 자신의 이야기를 무시했다며 불쾌해했다. 이 식사 이후 그들의 경쟁은 본격화했다. 두 회사는 2008년에 처음으로 부딪쳤다. 스페이스X의 직원이었던 매튜 리먼 Matthew Lehman이 블루오리진으로 이직하면서다. 당시 직원 이직으로 회사 기밀문서가 유출됐다는 내용의 소송은 기각되며 일단락됐다. 여기까지는 기술 기업에 자주 나타날 수 있는 문제에 불과했다.

　　하지만 미국 케네디우주센터의 39A 발사대 문제로 격돌하며 두 기업의 앙금은 깊어졌다. 39A 발사대는 1969년 인류 최초로 달 착륙에 성공한 유인 우주선 아폴로 11호를 쏘아 올린 영광의 역사를 간직한 곳이다. 머스크와 베조스 모두 어린 시절 TV를 통해 39A 발사대에서 쏘아 올린 로켓을 보며 꿈을 키웠다. 그만큼 상징적인 의미가 있는 곳이었다. 하지만 미국이 우주 산업에 대한 지원과 투자를 줄이면서 39A 발사대는 애물단지로 전락한 상황이었다. 2011년 우주 왕복선 발사 이후 39A 발사대는 방치돼 있었다. 녹슨 발사대와 무성한 잡초만이 자리를 지켰다. 나사는 이 발사대의 처리를 두고 깊은 고민에 빠졌다. 역사적 시설로 지정돼 있어 철거는 불가능했다. 인수자를 찾아야 했다.[12] 일론 머스크는 이 기회를 놓치지 않았다. 2013년이 되자 머스크는 스페이스X가 대중에게 우주 산업의 아이콘으로 확실하게 자리매김할 수 있도록 39A 발사대를 인수하는 데에 심혈을 기울였다. 나사는 입찰 공고를 올렸고, 누가 봐도 스페이스X의 독점 계약이 유력해 보였다.

이때 블루오리진이 등장했다. 예상치도 못했던 블루오리진이 입찰 신청을 한 것이다. 독점 사용을 원했던 스페이스X와 달리 블루오리진은 39A 발사대를 스페이스X뿐 아니라 보잉Boeing이나 록히드마틴과 같은 기업도 함께 쓸 수 있다는 조건을 내걸었다. 스페이스X와 오랜 기간 협력 관계를 유지해 온 나사는 난처하기 그지없었다. 당시에 스페이스X는 로켓 발사를 하고 있었지만, 블루오리진은 그때까지 보여 준 게 없었다. 결국 스페이스X가 입찰에서 승리했다. 그러나 제프 베조스는 불복했다. 나사의 입찰 과정에 문제가 있다며 소송을 제기했다. 또한 39A 발사대를 독점 사용이 아닌, 여러 기업이 사용할 수 있는 민간 우주 기지로 조성해야 한다고 주장했다. 보잉과 록히드마틴의 합작 투자사였던 ULA(United Launch Alliance)와 파트너십을 맺고 나사의 입찰 소송에 대응하는 공동 전선을 형성했다. 결국 미국 상원의원까지 나사를 압박하기 시작했다. 블루오리진의 항의와 워싱턴 정가에서의 로비 활동, ULA와의 동맹 등으로 인해 일론 머스크는 한발 물러서야 했다.

특허 전쟁도 터졌다. 스페이스X가 제작한 로켓의 발사, 착륙, 재활용 계획을 공개적으로 언급하며 주가를 올리는 사이 블루오리진은 조용히 특허 출원 계획을 진행했다. 2014년 3월 미국 특허청에는 '우주 비행체의 해상 착륙과 관련된 시스템 및 방법'이라는 제목의 특허 청구서가 접수됐다.[13] 다음 장에서 소개하겠지만, 우주선 발사에 큰 비용이 발생하는 이유는 발사체를 단 한 번만 사용할 수 있기 때문이다. 만약 재사용 발사체를 사용하면 우주에 도달하는 비용을 획기적으로 낮출 수 있다. 바로 이런 내용이 특허 청구서에 포함돼 있었다. 이 청구서는 바다뿐 아니라 강이나 호수 등에 로켓을 착륙시키는 계획을 자세히 설명했고, 블루오리진은 이 모든 것을 특허로 등록했다.

당시 이미 스페이스X는 팰컨 9Falcon 9이라는 우주 발사체를 보유하고 있었다. 2단계 로켓으로 궤도급 중에서는 세계 최초로 재사용이 가능했다. 재사용 로켓은 발사 비용을 줄이는 데 핵심적인 역할을 한다. 스페이스X의 발사체 재사용 계획에도 선박을 이용한 발사체 착륙이 필요했다. 블루오리진이 이와 관련한 특허를 보유 중이었기 때문에 스페이스X는 팰컨 9을 발사할 때마다 블루오리진에 로열티를 지불해야 했다.

　　스페이스X는 즉시 특허 무효 소송을 제기했다. 스페이스X는 배 위에 로켓이 안착하는 개념이 독창적인 아이디어가 아니고, 1959년 소련의 공상 과학 영화에도 등장한다고 주장했다. 법원은 스페이스X의 손을 들어줬다. 이 때문에 블루오리진은 보유한 15건의 관련 특허 중 13건이 철회되는 아픔을 맛봤다. 반면 스페이스X는 재사용 발사체 개발에 박차를 가할 수 있었다.

　　이렇게 자주 부딪친 일론 머스크와 제프 베조스가 서로에게 적대감만 가진 것은 아니다. 제프 베조스는 지난 2016년 제32회 우주 심포지엄space symposium에서 키노트keynote연설을 했다. 키노트 연설 후 기자들에게 스페이스X와의 경쟁에 대한 질문을 받았다. 그 질문에 베조스는 위대한 산업은 1~2개의 기업을 낳는 것이 아니라 수백 내지 수천의 승자를 낳는다고 답변하며, 산업 전체의 발전을 언급해 눈길을 끌었다. 우주 산업에서 승자가 많을수록 인류에게 바람직하다는 것이 그의 생각이다. 일론 머스크 역시 마찬가지다. 인류 번영을 위해 우주 산업을 발전시키는 게 중요하다는 신념을 갖고 있다. 제프 베조스가 이끄는 블루오리진이 잘되길 바란다고 밝힌 적도 있다.

이렇게 라이벌의 존재는 서로의 발전을 위해 긍정적이다. 우주를 사랑한 두 명의 천재, 일론 머스크와 제프 베조스의 경쟁이 없었다면 민간 기업이 우주 산업에 참여하는 뉴 스페이스 시대가 없었을 수도 있다. 둘의 경쟁은 앞으로도 계속될 것이다. 한 사람은 계획을 세우고 저돌적으로 밀어붙이고, 다른 한 명은 조용히 일을 진행하는 방식을 고수하면서 경쟁은 계속된다. 당분간 스페이스X가 뉴스를 장식하겠지만, 블루오리진은 늘 그랬듯, 조용히 우주로 나갈 준비를 할 것이다. 때로는 서로를 비난하고 경계했지만, 그들은 정말로 우주를 사랑하고 인류를 위해 반드시 우주에 가야 한다고 생각한다. 또 우주 산업이 더 커져야 한다고 생각하며, 경쟁 관계지만 서로가 성공해서 인류의 삶에 공헌하기를 바란다. 우주를 사랑한 두 천재가 서로 다른 방식으로 걸어온 길, 앞으로의 경쟁을 지켜보는 일은 뉴 스페이스 시대의 또 한 가지의 관전 포인트다.

일회용 로켓이 사라졌다

두 천재는 로켓 재활용 기술로 뉴 스페이스 시대의 문을 열었다. 로켓 발사에 드는 비용을 획기적으로 줄여 우주 산업의 성장 가능성을 높였다는 뜻이다. 이 이야기를 하려면 먼저 발사체가 우주 산업에서 갖는 의미를 짚고 넘어가야 한다. 우주 발사체를 한 번 쏘아 올리는 데 들어가는 비용은 10억 달러(1조 930억 원) 이상이다. 실패라도 하면 금세 자금 압박으로 다가왔다. 워낙 비용이 많이 들어가다 보니, 민간 기업들은 쉽사리 우주 산업 진출에 나서지 못했다.

발사 비용의 대부분을 차지하는 것은 발사체다. 만약 전체 비용의 90퍼센트를 차지하는 발사체를 재사용할 수 있으면 획기적인 비용 절감이 가능하다. 민간 기업이 참여하는 뉴스페이스 시대를 위해서 발사체 재활용이 필요했던 이유다. 베조스는 로켓을 한번 쓰고 버리는 것은 "마치 보잉747 여객기를 타고 해외를 다녀온 후 버리는 것과 같다"고 표현하며 발사체 재활용 기술의 중요성을 강조했다.

일론 머스크 역시 발사체를 재활용하기 위해 로켓과 디자인을 독학하며 오랜 기간 연구에 매달렸다. 비용 절감이 사업 성공의 핵심이라는 그의 생각에는 전혀 변함이 없었다. 일론 머스크가 말하는 혁신의 제1원칙도 바로 원가 절감이다. 이는 근본적인 문제를 파고드는 데서 출발한다. 로켓은 무엇으로 만들어지는지 생각해 보고, 원자재 하나하나의 값을 낮출 수 있는 방법을 찾는 것이다. 머스크는 로켓 공학의 이면에 있는 물리학을 공부했고, 로켓과 관련된 화학까지 독학했다. 엔진 연소실, 항공 전자 장치와 같은 공학 기술도 독학했다. 그는 기존의 방식이 아닌 새로운 방법을 고안했다. 추진체의 저장 방식을 바꾼 것이다. 대부분 로켓 엔진은 연료를 태우는 산화제로 액체 산소를 사용하지만, 스페이스X의 팰컨 9은 액체 산소의 온도를 더 낮춰 밀도를 높이는 방식으로 저장할 수 있는 액체 산소의 양을 늘렸다. 또한 기체를 최대한 단순화하고, 연료 탱크를 더욱 가볍고 튼튼하게 제작했다. 그리고 마침내 머스크의 노력이 빛을 보기 시작했다.

스페이스X는 2011년 재사용 가능한 로켓 발사 시스템 개발을 발표했다. 그리고 2015년 12월, 팰컨 9의 1단 추진 로켓이 발사대 근처에 위치한 착륙장에 역추진 수직 착륙하는 데 성공했다. 이는 지구 궤도 비행용 우주선으로서는 전례 없는 업적이다. 2016년 4월, CRS-8 발사 미션에서 스페이스X는 처음으로 1단 추진 로켓의 해상 바지선 수직 착륙에 성공했다. 같은 해 5월에는 고난도의 정지 천이 궤도(Geo Stationary transfer orbit·GTO·인공위성 궤도의 일종으로 정지 궤도에 이르는 중간 단계의 궤도) 발사 미션에서 1단 추진 로켓 착륙에 성공했다. 마침내 2017년 3월에 스페이스X는 세계 최초로 1단 추진 로켓을 발사에 재사용한 뒤 착륙하는 데 성공하며 또 한 번 세계를 놀라게 했다. 로켓 사용의 패러다임을 바꾼 것이다. 2020년 11월에도 팰컨 9을 발사한 뒤 회수해서 한 로켓을 7번 재사용하는 데 성공했다.

2010년 나사에서 로켓을 발사할 때 드는 비용은 회당 약 4억 달러(4400억 원)에 육박했었다. 하지만 머스크의 연구로 스페이스X는 현재 팰컨 9을 발사하는 데 약 6500만 달러(710억 원), 팰컨 헤비를 발사하는 데 9000만 달러(984억 원)가 든다고 밝혔다. 그야말로 획기적으로 비용을 줄인 셈이다. 그뿐만 아니라 스페이스X가 지구 저궤도에 화물을 운송하며 받는 돈은 킬로그램당 1000달러 수준으로 경쟁자인 ULA의 1만 4000~4만 달러보다 가격 측면에서 우위다.

유튜브에 'SpaceX landing'이라고 검색하면 거대한 스페이스X의 로켓이 지구로 다시 돌아오는 장면을 쉽게 찾아볼 수 있다. 그 웅장한 장면을 지켜보는 많은 미국인이 계속해서 환호를 쏟아 낸다. 현재 미국의 우주 왕복선 궤도 운송 비용은 킬로그램당 2만 달러에 육박한다. 하지만 스페이스X가 재활용 기술 개발에 성공하면서 향후 몇 년 안에 운송 비용은 킬로그램당 500달러(55만 원) 이하로 떨어질 것이라는 전망이 지배적이다. 결국 스페이스X는 우주선 발사의 모든 비용을 90퍼센트 이상 절감하는 데 성공한 셈이다.

스페이스X의 전매특허처럼 여겨지는 로켓 재활용 기술은 블루오리진도 갖고 있다. 제프 베조스 역시 우주 산업 발전을 위해 로켓 발사체 재활용 기술이 필요하다는 생각을 하고 있었다. 블루오리진도 관련 기술을 오래전부터 연구하기 시작했다. 사실 스페이스X보다 한 달 앞선 2015년 11월 로켓 발사체 재활용에 성공했다. 한국항공우주연구원에 따르면 블루오리진은 2015년 11월 말에 뉴 셰퍼드(New Shepard, 미국 최초의 우주 비행사 엘런 셰퍼드의 이름에서 따왔다)를 발사한 뒤 다시 발사장으로 돌아오게 하는 데 성공했다. 이는 상업용 로켓이 지상에서 발사된 뒤 준궤도까지 올라갔다가 다시 수직으로 지구로 돌아온 첫 사례다. 스페이스X는 이보다 한 달 뒤에 로켓 발사체 재활용에 성공했으니, 발사체 재활용의 최초의 타이틀은 블루오리진의 몫이었다.

블루오리진이 자랑하는 로켓인 뉴 셰퍼드는 사람을 준궤도까지 올려 잠깐 우주 공간을 체험하게 하는 목적으로 개발됐다. 승객을 태우고 고도 100킬로미터까지 수직으로 상승한 뒤, 탑승자가 탄 캡슐을 분리하고 다시 수직으로 하강하는 구조다. 따라서 완전한 의미의 발사체 재활용이 아닌 우주 관광에 초점을 맞춘 재활용이라는 점에서 스페이스X와 차이가 있다. 반면 스페이스X는 우주여행을 포함한 종합 우주 개발 기업이다. 팰컨 로켓을 우주로 쏘아 올려 상업 위성 발사를 대행해 주기도 하고, 무인 화물선 드래건dragon을 쏘아 국제 우주 정거장ISS에 물품을 배송할 수도 있다. 우주 관광 계획도 블루 오리진보다 두 배 높은 고도 200킬로미터까지 올라가는 것을 목표로 하고 있다.

정리해 보면, 블루오리진은 수직 상승 후 탄도 비행을 해 재활용에 성공한 것이고, 스페이스X는 궤도에 우주선을 올리고 발사체를 재활용했다. 스페이스X가 발사한 로켓의 고도가 두 배 정도 높은 데다, 수직으로 올라갔다 내려오는 블루오리진의 뉴 셰퍼드와 달리 팰컨 9은 궤도 진입을 위해 선체를 수평으로 눕혔다가 2단 분리 후 1단을 180도 반전, 역추진으로 감속해서 지상으로 낙하하면서 다시 방향을 수직으로 바꾸는 복잡한 과정을 거치기 때문에 훨씬 고난도의 제어 기술이 필요하다. 그래서 아직은 스페이스X의 기술력이 더 뛰어나다고 보는 시각이 많다.

블루오리진의 뉴 셰퍼드 발사체 재활용 성공에 일론 머스크는 축하를 보내면서 동시에 한계점도 지적했다. 당시 머스크는 트위터를 통해 제프 베조스에게 축하한다고 인사를 건넸지만, 우주와 궤도orbit의 차이를 분명히 하는 게 중요하다고 덧붙였다. 뉴 셰퍼드는 우주 근처까지 갔다 오는 데 그치지만 팰컨 9은 인공위성이나 무인 화물선을 200킬로미터 이상의 지구 저궤도에 올려놓을 정도로 높이 올라간다는 것이다.

스페이스X의 기술력을 부각한 셈이다. 하지만 최초 타이틀은 스페이스X보다 한 달 먼저 성공한 블루오리진이 가져갔으니, 일론 머스크가 제법 자존심이 상했음은 분명하다.

3년 뒤인 2018년에는 전세가 역전됐다. 스페이스X의 야심작 팰컨 헤비Falcon Heavy가 발표됐기 때문이다. 이번에는 제프 베조스가 자신의 트위터를 통해 발사 하루 전 스페이스X의 성공을 기원했다. 스페이스X가 만든 로켓인 팰컨 헤비는 케네디 우주 센터의 39A 발사대에서 성공적으로 발사됐다. 높이 70미터, 폭 12.2미터, 무게 1420톤인 초대형 로켓 팰컨 헤비는 현재 인류가 운용 중인 로켓 중 가장 크다. 국제 우주 정거장까지 화물선인 드래건을 실어 나르던 팰컨 9 3기를 일렬로 세운 형태다. 팰컨 헤비는 막강한 추진력을 자랑한다. 로켓 3기에 장착된 엔진만 27개다. 이들 엔진이 동시에 점화되면서 팰컨 헤비를 하늘로 밀어 올리는 추력은 2267톤에 달한다. 이는 보잉747 여객기 18대가 한 번에 내는 힘과 비슷한 수준이다. 지금까지 세계 최강 로켓으로 꼽히던 보잉과 록히드마틴의 합작 회사 ULA의 델타4 헤비Delta IV Heavy보다 추진력이 2배 이상 크다.[14] 팰컨 헤비에 사용된 발사체 역시 재활용이 가능하다. 이로 인해 당시 팰컨 헤비를 발사하는 데 들어간 비용은 1.5억 달러, 우리나라 돈으로 1627억 원에 불과했다. 경쟁사인 ULA의 델타4 헤비 발사 비용이 4억 달러였던 점을 생각해보면 비

용 절감 효과를 톡톡히 본 것이다.[15]

두 기업이 앞다퉈 발전시킨 발사체의 재활용 기술은 이렇게 우주 개발 기술 비용 절감에 큰 영향을 미쳤다. 우주 개발 활성화의 원동력인 효율성과 경제성이라는 두 마리 토끼를 다 잡았다. 이제 스페이스X와 블루오리진의 발사체 재활용 성공 소식은 놀랍지도 않을 정도로 자주 접하게 됐다. 앞서가는 스페이스X와 블루오리진의 성공에 자극을 받은 ULA는 2023년을 목표로 재사용 로켓 벌컨Vulcan을 개발 중이다. 차이점이 있다면, 1단 로켓 전체를 재사용하는 스페이스X와 달리 엔진만 회수한다. 엔진만 분리한 뒤 낙하산을 이용해 천천히 지상으로 귀환시키고 이후 헬리콥터로 회수하는 방식이다.

아직 발사체 재활용에 성공하진 못했지만, 중국도 기술 개발에 속도를 내고 있다. 우주 굴기를 내세운 중국이 우주 탐사와 유인 우주 비행에 박차를 가할 수 있는 이유는 대형 발사체 개발 성공 때문이다. 최근 실용화한 창정長征 5호는 중국이 보유한 기존 로켓보다 2배 이상의 화물 운반 능력을 지녔다. 창정 5호의 이륙 중량은 870톤가량으로 지구 저궤도에 25톤, 화성까지 최대 5톤의 물체를 보낼 수 있다. 이는 미국의 팰컨 9, 델타IV 헤비와 유럽 연합의 아리안 5A, 러시아 프로톤 로켓(UR-500)과 비슷한 수준까지 발전한 것이다. 앞으로 중국은 신형 발사체를 이용해서 차세대 우주 정거장과 우주선 발사, 그리고 유인 달 탐사까지 나설 것으로 전망된다. 그리고 발사체 재활용 기술 개발에도 박차를 가하고 있다. 발사체 재활용 기술은 비용 절감의 핵심인 만큼, 발사체 재활용을 비롯한 여러 분야에서 사업성 극대화를 위한 기술 경쟁이 치열해질 것이다.

우주로 가는 혁신은 계속된다

스페이스X와 블루오리진은 우주 비즈니스를 성공시키기 위해 거침없이 달리고 있다. 우주를 활용해 큰돈을 벌 수 있다는 믿음이 있기 때문이다. 스페이스X는 지난 2008년 민간 기업으로서 세계 최초로 액체 추진 로켓을 지구 궤도에 도달시켰고, 2010년에는 우주선을 발사한 후 궤도 비행을 마치고 회수하는 데 성공했으며, 2012년에는 국제 우주 정거장에 우주선을 도킹한 세계 최초의 민간 항공 우주 기업이 됐다. 또한 2015년 12월에는 로켓 1단 부스터를 역추진해 착륙시키는데 성공했고, 2017년에는 이를 로켓 발사에 재사용했다. 나사는 2011년 스페이스X를 상업용 유인 우주선 개발 프로젝트의 추진 계획 지원 대상자로 선정하며 돈독한 관계를 유지하고 있다.

게다가 2020년 5월 말, 스페이스X는 첫 민간 유인 우주선, 크루 드래건 발사에 성공했다. 미국이 자국 내에서 9년 만에 유인 우주선을 발사한 역사적인 순간이었다. 우주선은 발사 직후 주 엔진 분리와 2단계 엔진 점화를 거쳐 우주 정거장 진입을 위한 안정적인 궤도 진입까지 성공했다. 우주선에 탑승했던 더글러스 헐리Douglas Hurley와 로버트 벤켄Robert Behnken은 400킬로미터 상공에 떠 있는 국제 우주 정거장 도킹에 성공했고, 2달 동안 여러 임무를 수행한 뒤, 지난 8월 2일에 지구로 무사히 귀환하는 데 성공했다. 미국에는 역사적인 순간이었다. 미국은 지난 2011년 나사의 우주 왕복선 프로그램을 종료한 이후 러시아 우주선을 이용해 자국 우주 비행사들을 국제 우주 정거장에 보냈었다. 그러나 스페이스X의 로켓 발사가 성공함으로써 다시금 미국의 힘으로 우주 비행사를 보낼 수 있게 됐다. 도널드 트럼프 미국 대통령도 이 자리에 참석해 '믿을 수 없다incredible'며 스페이스X의 성공을 축하했다. 이 성공은 큰 의미를 지닌다. 민간 우주 기업이 유인 우주선 발사에 성공한 것이며, 발사체 재활용 기술 역시 재확인했고, 우주인들도 사고 없이 지구로 무사 귀환했다. 다시 말해 민간 기업이 자체적으로, 과거보다 저렴한 비용으로 우주 개발 시대를 열 수 있음을 전 세계에 알리는 기념비적인 순간이었다.

스페이스X의 행보는 거침없다. 지난 11월 스페이스X는 마이크 홉킨스Mkie Hopkins를 비롯한 4명의 우주인을 태운 유인 우주선 첫 공식 발사에 성공했다. 지난 5월 헐리와 벤켄을 태우고 진행된 발사는 시험 비행이었지만, 이번 발사는 나사의 인증 아래 진행된 임무다. 만약 이번 유인 우주선이 무사히 귀환에 성공한다면 민간 주도로 우주인을 수송하는 시대가 본격화되는 것을 의미한다. 민간 우주여행이라는 상상이 현실화하는 중요한 전환점이다.

화성 이주라는 목표 실현을 위한 단계도 차근차근 진행되고 있다. 머스크는 트위터를 통해 우주선 스타십Starship의 추가 시험 비행을 시사했다. 고도 5만 피트(약 1만 5000미터)까지 도달하는 것이 목표다. 스타십은 재사용 가능 우주선으로 사람과 화물을 지구 궤도, 달, 화성까지 보내겠다는 목표를 갖고 있다. 머스크는 2년 이내에 무인 우주선의 화성 도달, 6년 이내에 인류를 화성으로 보내는 프로젝트의 성공을 계획하고 있고, 궁극적으로는 2050년까지 인류 100만 명을 화성에 이주시킨다는 계획이다. 이번 스타십 발사는 이러한 원대한 계획의 출발점이다.

조용히 우주를 향해 나아가고 있는 블루오리진 역시 마찬가지다. 현재까지 총 12회의 실험 중에서 첫 번째 실험을 제외하고 모두 발사체와 캡슐 회수에 성공했다. 블루오리진은 스페이스X의 팰컨 헤비를 능가하는 뉴 글렌New Glenn을 선보일 계획이다. 미국 최초로 궤도 비행을 한 우주 비행사 존 글렌John Herschel Glenn의 이름에서 따왔다. 뉴 글렌의 목적은 달에 화물 우주선을 보내는 것이다. 베조스는 달의 남극에 45톤 규모의 화물을 운송할 수 있는 우주선 발사 계획을 발표했다.[16] 탑재 중량을 늘려야 하는 만큼 최대한 크게 제작하고 있다. 뉴 글렌 3단의 경우 지름 7미터, 높이 95미터에 이르는 초대형 로켓이 된다. 이를 위해 BE-4 엔진 7기가 탑재되며 발사체도 재사용할 수 있다. 만약 이 프로젝트가 성공하면 달에 화물 우주선을 보냄으로써 물류 창고 및 달 관광 인프라 구축 등 우주 산업의 새로운 전기가 될 전망이다. 한편, 팰컨 헤비를 능가하는 규모에 자극받은 일론 머스크는 초거대 로켓인 빅 팰컨 로켓Big Falcon Rocket 계획을 추진 중이다. 두 라이벌의 도전은 지금도 계속되고 있다.

스페이스X와 블루오리진으로 대표되는 민간 기업들의 우주 산업 진출로 우리가 꿈으로만 생각했던 우주여행과 화물 운송은 물론, 지금보다 고도가 낮은 저궤도 인공위성을 통한 통신 사업 진출도 점차 가시화되고 있다. 두 기업은 로켓 발사뿐 아니라 위성 발사를 통해 얻을 수 있는 수익성 있는 사업에도 눈독을 들이기 시작했다. 이미 일론 머스크는 지난 3월 새틀라이트 2020행사에 참석해, 스페이스X가 추진 중인 위성 인터넷 프로젝트 스타링크의 연간 수익이 300억 달러(32조 8200억 원)에 이를 것으로 예상한다고 언급한 바 있다. 새로운 우주 산업의 화물 운송 분야에서는 스페이스X의 팰컨 헤비와 블루오리진의 뉴 글렌이 경쟁하고, 우주여행 분야에서는 블루오리진과 리처드 브랜슨Richard Branson이 이끄는 버진 갤럭틱Virgin Galactic 등이 치열하게 경쟁하고 있다.

3

우주여행 ;
다음 휴가는 달에서

우주여행 예약 받아요

우주 산업을 분류하는 방법은 여러 가지가 있겠지만, 로켓 발사에서부터 우주까지 가거나 위성을 궤도에 안착시키는 일 등을 업스트림upstream, 인공위성을 운영하고 지상의 기지국으로 전파 및 통신을 보내는 것을 다운스트림downstream으로 구분할 수 있다. 앞서 언급한 스페이스X와 블루오리진 등의 발사체 및 인공위성 발사 등은 모두 업스트림에 해당한다. 이들이 쏘아 올린 위성을 통해 지상에 있는 기지국에서 데이터 활용 및 관측을 하는 업무가 다운스트림이다. 먼저 업스트림부터 살펴보자. 뉴 스페이스 산업의 업스트림을 대표하는 기업들은 대부분 해외 기업이다. 대표적인 기업이 스페이스X, 블루오리진, 버진 갤럭틱이다.

스페이스X를 설립한 일론 머스크는 "우주 진출은 미래를 믿고, 미래가 과거보다 더 좋을 것이라고 믿는 것이다. 나는 우주로 나가 별들 사이에 있는 것보다 더 재밌는 일은 생각해 낼 수가 없다"라고 말했다.[17] 이는 스페이스X 웹사이트에 들어가면 가장 먼저 등장하는 문구다. 물론 일론 머스크의 아이디어로 시작됐지만, 스페이스X는 일론 머스크 혼자 일궈 낸 기업은 아니다. 스페이스X의 핵심 멤버인 COO 그윈 샷웰Gwynne Shotwell과 미국 벤처 캐피털 회사인 파운더스 펀드Founders Fund의 도움을 받았다. 성공하지 못할 것이라는 조롱을 이겨

내고 스페이스X는 새로운 시대를 여는 개척자로 거듭났다. 현재 6000여 명의 직원과 함께 글로벌 우주 인터넷 통신, 달과 화성으로의 여행, 그리고 그 이상을 보여 주기 위해 달려가고 있다.

블루오리진은 스페이스X에 비해 알려진 정보가 제한적이다. 블루오리진의 격언 중 하나는 '완성한 후에 외부에 이야기하라'는 것이기 때문이다.[18] 2020년 여름 기준 블루오리진이 진행하고 있다고 발표한 프로젝트는 세 가지다. 우주 관광을 목적으로 만든 로켓 뉴 셰퍼드, 화물 우주선인 뉴 글렌, 달 착륙 시스템인 블루 문Blue Moon이다.

두 기업과 달리 버진 갤럭틱은 유일하게 미국 증시에 상장돼 있다. 버진 갤럭틱은 영국의 '괴짜 회장'이라는 별명을 가지고 있는 리처드 브랜슨이 2004년 창업한 회사다. 버진 항공 그룹과 관계가 깊은 만큼 비행기에 대한 높은 기술력을 기반으로 우주 진출을 꿈꾸는 회사다. 그래서 버진 갤럭틱의 우주선은 일반적으로 지상에서 발사되는 것이 아니라 하늘에서 발사된다. 버진 갤럭틱은 우주여행을 위한 우주선뿐만 아니라 음속의 3배 속도로 날아가는 비행체도 만들고 있다.

2014년, 크리스토퍼 놀란Christopher Nolan 감독의 〈인터스텔라Interstella〉가 개봉했을 당시 전 세계 영화 팬들은 열광했다. 영화에는 웜홀을 통해 시간 여행을 할 수 있다는 이론이 나온다. 〈인터스텔라〉를 물리학에 대한 헌사로 느끼는 사람이 있을 정도로 파급력은 대단했다. 우리나라에서만 1000만 명의 관객을 동원하는 등 6년이 지난 지금까지도 최고의 우주 영화로 회자된다. 이 영화는 세계 각국의 정부와 경제가 완전히 무너진 시점에서 인류의 미래를 구할 새로운 행성을 찾아 떠나면서 시작한다. 인류를 위해 우주 탐사를 하러 가는 것이다. 또 다른 우주 영화로 크리스 프랫Chris Pratt과 제니퍼 로렌스Jennifer Lawrence가 주연을 맡은 〈패신저스Passengers〉는 한 단계 더 나아가 민간인이 개척 행성으로 이주하는 과정을 그린다.

이제 영화 속에 나오는 우주여행은 먼 미래를 그리는 공상 과학이 아니다. 점차 현실로 다가오고 있다. 스페이스X나 블루오리진 웹사이트를 방문해 보면 지금 우주여행을 예약할 수 있고 버진 갤럭틱은 우주여행 예약금까지 받는다. 2020년 7월 기준 보증금을 낸 대기 손님만 700명에 달한다. 영화에서만 꿈꾸던 상황들이 실제로 펼쳐지기 시작한 것이다.

내로라하는 해외 기업들이 이렇게 열정적으로 우주여행을 기획하는 이유는 무엇일까. 물론 앞서 말한 것처럼 어린 시절부터 남달랐던 억만장자들이 우주에 대한 사랑을 실현하기 위해서이기도 하다. 하지만 중요한 것은 이른 시일 내에 기업 입장에서 수익을 창출할 수 있기 때문이다. 앞서 발사체 비용을 크게 줄였음에도 불구하고 우주선을 개발하고, 우주로 가기 위해서는 투자가 필요하다. 기업으로서 수익을 추구하는 것은 자연스러운 일이다. 우주여행을 통해 일반인들은 매체로만 접하던 우주를 실제로 접하고, 기업들은 돈을 벌 수 있다. 그리고 달과 화성에 착륙할 경우 탐사, 연구, 인프라 구축에 대한 것까지 수많은 비즈니스를 그려 볼 수 있다.

구체적으로 들어가기 전에 지금 각 회사가 내세우고 있는 대표적인 우주여행 상품을 먼저 정리해 보자.《옵저버 Observer》가 정리한 내용에 따르면, 블루오리진과 버진 갤럭틱은 약 3억 원에 카르만 선Karman line[19]까지 갈 수 있는 여행 상품을 제공하고 나사는 우주 정거장, 스페이스X는 달에 가는 여행 패키지를 제시하고 있다.

스페이스X ; 백 투 더 문

스페이스X의 가장 대표적인 우주여행 상품은 달에 가는 여행 패키지다. 여행사를 통해서 여행을 갈 때 구입하는 여행 패키지와 비슷한 맥락이다. 여행의 처음부터 끝까지 스페이스X가 함께하는 여행 상품이다. 이름에서 알 수 있는 것처럼 목적지는 달이다. 다만 가격은 미정이며 스페이스X는 비싸다는 것 외에 가격에 대한 코멘트를 삼갔다. 여행 가능 예정 시기는 2023년이지만 패션계 거장 유사쿠 마에자와前澤友作는 이미

2018년 9월에 착수금을 내고 달 여행을 예약했다. 스페이스X 는 달 여행을 위해 빅 팰컨 로켓과 스타십을 개발하고 있다.

블루오리진 ; 대기 끝 여행

블루오리진이 현재 제공하고 있는 우주여행 상품은 지구 대 기 끝인 카르만 선까지 가는 것이다. 가격은 약 2억 4000만 원~3억 6000만 원이며 2020년 10월 13일 재사용 가능 로켓 인 뉴 셰퍼드의 일곱 번째 재사용 테스트를 마쳤다. 당시 실시 간으로 웹캐스트를 진행하던 블루오리진 조엘 에비Joel Eby 크 리에이티브 디렉터는 사람을 우주선에 태우기 전에 몇 번만 더 비행하면 될 것이라고 말하기도 했다. 예정 시기는 코로나 19 여파로 애초 생각했던 2020년 말보다는 늦춰진 2021년 상 반기다. 2019년부터 블루오리진은 우주여행 티켓을 팔기 시 작했다.

나사와 스페이스X ; 우주 정거장 휴가 패키지

나사에서 추진하는 우주여행 프로그램이지만 우주선은 스페 이스X에서 제공한다. 목적지는 우주 정거장이며 가격은 1박 에 4200만 원이다. 하지만 다른 부수적인 비용이 들기 때문에 최장기간인 30일 동안 우주 정거장에 있다면 총비용은 1인당 590억 원 정도가 될 것으로 예상된다. 1년에 두 번 우주 정거

장으로 가는 여행 프로젝트를 진행할 예정이며 이미 민간 우
주 비행사들과의 실험을 마쳤기 때문에 빠르면 2021년 하순
정도에는 상용화될 것으로 기대된다. 스페이스X의 드래건이
나 보잉의 스타라이너Starliner를 이용한다.

버진 갤럭틱 ; 대기 끝에서 지구 내려다보기

목적지는 블루오리진과 같이 지구 대기 끝이다. 가격은 1인당
약 3억 원 정도이며 예정 시기는 2021년 상반기다. 버진 갤럭
틱은 스페이스십2SpaceShipTwo를 지구 대기의 끝인 카르만 선
바로 위까지 발사한다. 승객들은 우주에서 지구를 내려다볼
수 있는 경험을 할 수 있고 하강할 때는 무중력 상태를 즐길
수도 있다. 이미 유인 테스트를 두 번이나 마쳤고 마지막 테스
트를 남겨 두고 있다. 코로나19로 테스트 일정이 지연됐음에
도 불구하고 버진 갤럭틱은 스포츠 의류 브랜드 언더 아머
Under Armour와 제작한 우주복을 공개하는 등 우주여행이 임박
했음을 홍보하는 중이다. 2021년 1분기, 가장 먼저 창업주인
리처드 브랜슨을 태우고 우주여행을 떠난다는 목표다.

스페이스X ; 스타십과 신상 우주복

가장 먼저 스페이스X부터 살펴보자. 스페이스X는 총 4가지
우주선을 가지고 있다. 팰컨 9, 팰컨 헤비, 드래건, 스타십이

다. 이 네 개의 우주선을 통해 지구 궤도, 우주 정거장, 달, 그리고 화성까지 우주여행을 보내고, 더 나아가 화물을 운반할 계획을 가지고 있다.

가장 가까운 지구 궤도와 우주 정거장 여행 프로젝트는 나사와 함께 진행 중이다. 스페이스X의 드래건은 약 7명의 승객을 태울 수 있으며 지구 한 바퀴를 90분 안에 돌 수 있다. 나사의 우주여행에 등장하는 드래건과 같은 우주선이다. 특징적인 점은 드래건에 탑승할 때 스페이스X에서 특별 제작한 우주복을 입을 수 있다는 것이다. 기존 우주복보다 슬림한 디자인이다. 영화 〈엑스맨〉에 나오는 슈트를 디자인한 호세 페르난데스Jose Fernadez가 제작 과정에 참여했다. 자동 쿨링 시스템이 내재해 있고 터치 가능 장갑이 제공된다. 드래건 내부 터치스크린을 우주복 장갑을 끼고도 스마트폰 화면처럼 자유롭게 만질 수 있도록 개발한 것이다. 자동 쿨링 시스템뿐만 아니라 실제로 우주선 안에 불이 날 경우 사람을 보호해 주며, 우주선 내 기압이 급변할 경우에도 우주복 내부에는 일정한 기압을 유지해 준다. 우주선에 앉을 때 우주복에 플러그만 꽂으면 산소, 시원한 공기, 방화 기능, 터치 기능 업데이트 등 모든 것을 알아서 해준다. 사람들의 머릿속에 있는 1960년대의 불편한 우주복과는 확연히 다르다. 우주복을 실제로 처음 착용하고 우주 정거장을 다녀온 더글러스 헐리와 로버트 벤켄은

별점 5개 중 5개를 줘야 할 정도로 만족스러웠다고 평가했다. 이들은 스페이스X 우주복을 입고 드래건을 타고 2020년 5월 최초의 민간 유인 우주 비행사로서 우주여행을 떠났다. 우주 정거장에서 2개월 조금 넘는 임무를 마치고 지난 8월 2일에 지구로 무사히 귀환하는 데 성공했다. 캡슐에서 4개의 커다란 낙하산이 펼쳐지며 바다에 착륙하자 스페이스X와 나사의 상황실에서는 1분이 넘는 시간 동안 박수갈채가 쏟아졌다. 우주 정거장에서 지구로 귀환하는 데는 하루 정도밖에 걸리지 않았다. 나사와 스페이스X가 예상한 것처럼, 2021년에는 지구 궤도와 우주 정거장 여행을 대중에 개방할 가능성이 높아졌다.

스페이스X가 한 가지 더 지구 궤도 내에서 꿈꾸는 것은 대륙을 횡단하는 데 걸리는 시간을 30분 내외로 줄이는 것이다. 스페이스X의 스타십 우주선을 타면 런던에서 홍콩까지 34분밖에 걸리지 않을 것으로 예상된다. 비행기를 타면 12시간 가까이 걸리는 거리를 30분 내외로 이동한다는 것이다. 코로나19 때문에 해외 이동이 예전만큼 자유롭지 않지만 코로나19 사태가 진정되면 스페이스X의 스타십을 타고 원래 10시간이 걸리는 해외여행도 30분 내외로 가능한 서비스가 전개될 가능성이 있다.

두 번째는 달 여행이다. 일론 머스크는 1972년 아폴로

스페이스X의 유인 우주선 '스타십' ©일론 머스크 트위터

가 달에 마지막으로 착지한 이후 그 누구도 달에 돌아가지 않은 것과 아직 24명밖에 달에 가보지 못했다는 것은 말이 안 된다고 생각했다. 그래서 우주 과학자가 아닌 평범한 사람도 달에 갈 수 있게 해주는 프로젝트를 진행 중이다. 지구 어디든 30분 내외로 데려다주는 스타십은 지구 궤도뿐만 아니라 달 여행에도 활용된다. 2023년부터 스페이스X의 스타십을 타고 달에 갈 수 있을 것으로 예상된다. 스페이스X가 제공한 스케줄에 따르면 달 여행은 약 일주일 정도 걸린다. 1일 차에는 우주선을 발사하고 2일 차에는 발사체와 분리되며 3일 차에는 지구를 돌아서 4일 차에는 달을 볼 수 있는 거리까지 도착한다. 달에 착륙하지는 않지만 5일 차에는 우주선이 달과 가장 가까워지는 포인트에 도달해 우주선 내부에서 달을 구경한다. 6일 차에는 달구경을 마치고 지구로 돌아오기 시작해 7일 차에는 지구 궤도로 진입한다. 8일 차가 되면 안전하게 랜딩하고 달 여행이 끝난다. 스페이스X는 2023년 예정인 달 여행에 대해 이처럼 각 날짜별 구체적인 계획과 그림까지 제시한다.

최종 목적지는 화성

스페이스X의 최종 목적지는 달이 아니다. 마지막으로 화성에 가는 것을 준비하고 있다. 스페이스X가 화성에 대해 가지고 있는 계획은 여행에서 그치지 않는다. 영화 〈패신저스〉에 나온 것처럼 개척 행성 화성으로의 이주를 꿈꾼다. 화성은 지구 다음으로 인간이 살기 가장 적합한 행성으로 자주 거론된다. 일론 머스크는 2016년 멕시코 과달라하라Guadalajara의 컨벤션 홀에서 '인간을 다중 행성 종으로 만들기Making Humans a Multi-Planetary Species'라는 제목으로 화성 정복 계획을 발표했다. 연단 위에서 그는 화성으로 처음 비행한 이후 40~100년 이내에 화성에 100만 명이 살 수 있는 자급자족적 도시를 건설할 수 있다고 선언했다. 붉은 행성을 향한 대규모 원정대인 화성 이주 함대Mars Colonial Fleet에 대해서도 언급하며 미래에 대한 전망을 낙관적으로 그렸다.[20] 스페이스X는 2015년 애니메이션 〈우주 가족 젯슨(The Jetsons)〉을 패러디한 화성 여행 포스터를 제작하기도 했다. 관광객들이 제트팩(엔진이 달린 1인용 비행 장비)을 메고 구불구불한 마리너 계곡(화성 북반구에 있는 태양계 최대 협곡) 사이를 날아다니거나, 태양계의 최고 봉우리인 올림푸스 몬스Olympus Mons의 꼭대기로 전차를 타고 오르며 우주 관광 여행을 떠나기 위해 창공을 바라보고 있는 포스터[21]에는 스페이스X가 화성에 대한 가진 열정이 담겨 있다.

화성에 가는 구체적인 시기는 발표된 바 없다. 하지만 스페이스X가 지구에서 화성까지 가는 데 걸릴 것으로 추정하는 시간은 6개월이다. 지상에서 출발해 지구 궤도에 도달한 후 화성까지 날아갈 동력을 얻기 위해 우주 공간에서 연료를 재충전할 기술도 개발 중이다. 스페이스X는 안전한 화성 착륙을 위해 행성 대기권에 진입할 때 스타십의 속도를 초속 7.2킬로미터로 줄일 수 있다고 말한다. 이론적으로 어떻게 화성에 수직 착륙할 것인가에 대한 영상이 스페이스X 홈페이지에 게재돼 있다. 다시 지구를 향해 돌아올 때는 화성에 있는 물H_2O과 이산화탄소CO_2로 연료 에너지를 만들어 회귀한다. 지구 궤도, 우주 정거장, 그리고 달을 거쳐 화성에 착륙까지, 스페이스X가 생각하는 우주여행은 생각보다 가까운 미래다.

화성에 착륙하는 것은 달에 가는 것과는 또 다른 의미다. 달 착륙은 이미 1969년 7월 20일 닐 암스트롱이 아폴로 11호를 타고 성공했다. 하지만 아직 인류 역사상 사람이 화성에 착륙한 사례는 없다. 나사 화성 탐사선인 인사이트호가 화성에 '무사 착륙'한 것이 2018년 11월이다. 만약 스페이스X가 가장 먼저 화성에 '사람'을 보낸다면 스페이스X뿐만 아니라 처음 화성에 발을 딛는 우주 비행사 역시 닐 암스트롱처럼 전 세계인들이 여러 세대에 걸쳐 기억하는 역사적인 인물이 될 것이다. 그만큼 화성 착륙은 우주 산업에서 남다른 의미를 가진다. 그리고 달은 지구의 인력에 잡혀 지구를 맴도는 위성이지만 화성은 지구와 다른 행성이다. 거리, 기술력 측면에서 화성에 유인 우주선을 보내고 다시 돌아오는 것까지 성공한다는 것은 달 여행, 달 착륙과는 차원이 다르다. 거리만 보더라도 지구에서 우주 정거장까지 거리는 400킬로미터다. 달은 그것보다 1000배 더 멀리 있고 화성은 지구로부터의 거리가 가장 가까울 때 5000만 600킬로미터다. 스페이스X는 그 거리를 6개월 만에 간다는 구상을 하고 있다.

2015년 개봉한 영화 〈마션The Martian〉은 화성이 배경인 영화다. 화성에 혼자 방치된 우주 비행사의 이야기를 다룬다. 베스트셀러였던 책을 영화화한 것인데, 우리나라에서만 500만 명의 관객을 동원하고 2016년 골든 글로브에서 작품상을 받으면서 크게 회자가 됐다. 이렇듯 다양한 책, 영화, 매체를 통해 화성에 대한 이야기가 제작되고 크게 사랑을 받을 만큼 인류의 화성에 대한 관심과 호기심은 남다르다. 화성은 예전부터 전문가들이 생물이 생존할 가능성이 가장 높다고 예측하는 행성이다. 스페이스X는 더 나아가 화성에 도시를 건설하는 계획을 펼치는 중이다. 이사를 도시에서 도시, 나라에서 나라로 가는 것이 아니라 지구에서 또 다른 행성으로 가는 시대, 그 포문을 민간 기업이 여는 것이다.

블루오리진 ; 달에 발자국 찍기

블루오리진도 우주여행을 준비 중이다. 블루오리진의 미션은 스페이스X와 비슷하게 우주 비행선을 보통 비행기처럼 탈 수 있는 세상을 만드는 것이다. 그러기 위해선 우주로 가는 비용을 획기적으로 낮춰야 하는데, 블루오리진은 이미 발사체를 재활용하는 기술을 보유하고 있어 목표를 달성할 수 있다.

발사체를 재활용하는 기술을 바탕으로 블루오리진은 지구 대기 끝이라 불리는 카르만 선까지 다녀오는 여행을 기획하고 있다. 카르만 선까지 올라가면 우주에서 지구를 관찰하는 다큐멘터리의 한 장면처럼 지구를 볼 수 있다. 스페이스 X에서는 드래건 우주선을 타고 우주 정거장을 간다면 블루오리진에서는 뉴 셰퍼드를 타고 카르만 선까지 갈 수 있다. 뉴 셰퍼드는 이미 10번 넘는 시험 비행에 성공했고, 스페이스X와 비슷하게 역추진 로켓을 활용해 지정된 착륙장에 수직 낙하하는 데 성공했다.

뉴 셰퍼드는 크게 두 개의 부분으로 구성되어 있는데, 발사체와 캡슐이다. 지구와 우주 사이의 경계인 카르만 선에 가까이 가면 캡슐과 발사체가 분리된다. 캡슐은 카르마 선 위로 올라가고 발사체는 텍사스의 사막으로 돌아온다. 캡슐 안에는 6명이 탈 수 있고, 밖을 볼 수 있는 창문이 있다. 2015년 11월 뉴 셰퍼드는 카르만 선을 돌파했다. 당시 기자들과 과학자들의 눈을 사로잡았던 것은 뉴 셰퍼드는 두뇌도 갖춰 스스로 날 수 있는 자율 비행체였다는 점이다. 이 로켓은 지상 1500미터 높이에서 엔진을 다시 점화해 지구로 하강하는 속도를 낮춘 다음 착륙장에 유유히 내려앉았다. 가장 돋보이는 부분은 하강할 때였다. 잠깐 동안 로켓은 착륙장 위를 선회하며 좌표가 올바른지 확인했다. 수정된 위치가 확실히 만족스럽다고 판단한 로켓은 먼지와 연기 기둥 속에서 시속 7킬로미터의 속도로 부드럽게 착륙장에 내려앉았다.[22] 카르만 선 여행을 마친 캡슐 역시 낙하산을 펼쳐서 텍사스 사막으로 무사히 돌아왔다. 그로부터 5년이 지난 지금, 블루오리진은 뉴 셰퍼드를 통해 2020년 말~2021년 초 카르만 선까지의 우주여행 개시를 준비 중이다. 이미 2019년부터 블루오리진은 우주여행 티켓을 2억 4000만 원~3억 6000만 원에 판매하고 있다.

스페이스X의 마지막 종착지가 화성이라면, 공식적으로 발표하진 않았으나 블루오리진의 궁극적인 목적지는 달인 것으로 추정된다. 2020년 4월 30일 나사는 블루오리진을 '유인 달 탐사' 프로젝트 기업으로 선정했다. 블루오리진의 제프 베조스는 2019년 12월 21일 세계 우주 대회 개막식에서 마이크 펜스Mike Pence 부통령이 연설한 다음 마이크를 잡았다. 마이크 펜스 부통령은 "미지의 세계를 탐험하려는 국가 중 선두가 되는 것이 미국의 운명"이라 강조했다. 제프 베조스는 록히드 마틴, 노스럽 그러먼Northrop Grumman, 찰스 스타크 드레이퍼 연구소Charles Stark Draper Laboratory와 함께 내셔널 팀을 꾸려 유인 달 탐사 사업을 추진하겠다고 밝혔다. 제프 베조스가 포부를 밝힌 후 4개월이 지나 블루오리진은 나사와 함께 달에 돌아가는 프로젝트를 진행하게 됐다.

　블루오리진의 달 여행은 스페이스X가 계획하는 것과 성격이 조금 다르다. 스페이스X는 달에 착륙하지 않고 우주선 안에서 달을 구경하는 달 여행 패키지를 제공하려 한다. 하지만 블루오리진은 달에 착륙 후 며칠 동안 달에서 지낼 방법을 강구하고 있다. 일명 블루오리진의 '달에 돌아가서 살아보기Back to the Moon to Stay' 프로젝트다. 달을 멀리서 바라보는 것이 아니라 닐 암스트롱처럼 달 표면에 발자국을 새기고 싶다면 블루오리진의 달 여행을 기대해 볼 만하다. 제프 베조스는 2020년 12월 4일 본인의 SNS를 통해 2024년 최초의 여성 우주인을 달 표면으로 데려갈 것이라 밝혔다.

　블루오리진이 달 여행 및 탐사를 위해 개발 중인 우주선의 이름은 블루문이다. 블루문은 달에 착륙해서 일정 기간 달에 머무를 수 있는 환경까지 제공하는 것을 목표로 하는 '달 착륙 시스템'이다. 2024년까지 달에 필요한 물품들을 실어 나를 수 있도록 개발하고 있다. 제프 베조스는 2019년 5월 영상을 통해 블루문을 공개하기도 했다. 블루문은 보통 우리가 머릿속에 떠올리는 우주선과는 모양이 다른데, 발사체에 캡슐 형태가 올라가 있는 것이 아니라 동그란 공이 상자 안에 들어가 있는 모양이다. 블루문의 목적은 화물이든 사람이든 제약을 받지 않고 지구에서 달로 안전하게 옮기는 것이다. 14미터

블루오리진의 우주선 '블루문' ©블루오리진

톤을 달까지 운반할 수 있으며 수소 탱크가 화물에 전력을 공급한다. 즉, 상당한 기간 달 표면에서 생활할 수 있는 전기가 공급되고 더 나아가 여행, 현장 자원 활용, 인프라 개발, 물류 임무까지도 생각해 볼 수 있다. 제프 베조스는 블루문을 통해 달에 물류 창고 인프라를 짓고 집 앞까지 물건을 배달해 주는 시스템을 생각하고 있을지도 모른다.

버진 갤럭틱 ; 우주선 같은 비행기
스페이스X와 블루오리진 모두 '우주선을 비행기처럼' 사용하는 것에 집중하고 있다면 '비행기를 우주선처럼' 만들기 위해 노력하고 있는 기업이 있다. 바로 버진 갤럭틱이다. '비행기를 우주선처럼'이라고 언급한 이유는 버진 갤럭틱의 대표 우주선이 비행기처럼 생겼기 때문이다. 회사 구분도 '여행' 섹터로 분류돼 있다. 이는 버진 갤럭틱이 우주여행을 목표로 하는 회사임을 잘 보여 준다. 우주선의 모양뿐만 아니라 발사 공간도 지상이 아니다. 버진 갤럭틱은 화이트 나이트2White Knight2로 불리는 대형 수송기에 스페이스십2를 실어 고도 15킬로미터까지 올라간 후 발사한다는 계획이다. 하늘에서 우주로 우주 비행선을 쏘는 것이다. 공중에서 로켓을 발사하면 지상에서 발사할 때보다 연료 소비가 적고 화물도 더 많이 실을 수 있어 비용 절감 효과가 크다. 장소의 제한을 덜 받는 것도 장점이다.

　　버진 갤럭틱에 가장 중요한 우주선 스페이스십2에 대해 조금 더 알아보자. 스페이스십2는 캡슐 형태의 뉴 셰퍼드와는 달리 비행기처럼 생겼다. 그리고 당연히 재사용이 가능하다. 우주여행에 포커스를 맞춘 우주선인 만큼 8명의 승객을 태울 수 있는 구조이고, 또 우주여행을 위해 설계된 어떤 우주선보다 많은 창문을 가지고 있다. 스페이스십2는 날개가 있는 형태로, 비행기처럼 생겼다. 과학자들에 따르면 사실 우주 공간에서 가장 안정적인 모형은 캡슐이다. 그래서 버진 갤럭틱의 스페이스십2는 우주 공간에 들어서면 자동으로 날개를 접는다. 카르만 선을 지나 우주 공간에 들어서면 날개를 회전하고 꼬리를 위로 올리면서 훨씬 더 안정적인 비행을 한다.

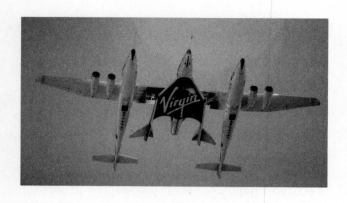

버진 갤럭틱의 대형 수송기 '화이트 나이트2' ⓒ버진 갤럭틱

캡슐형과 날개가 달린 우주 비행선의 장점을 결합했다고 볼수 있다.

스페이스십2가 화이트 나이트2에 연동돼서 15킬로미터 상공까지 오른 후 로켓 모터가 작동해 스페이스십2를 수직 상승시킨다. 우주에 도착한 후 모터를 끄고 관광객들이 자유롭게 우주에서 지구를 내려다볼 수 있는 기회를 제공한다. 그때는 날개를 접어서 캡슐 형태를 유지하고 다시 상공을 내려오면 스페이스십2는 날개를 펼쳐 버진 갤럭틱이 만든 우주 공항인 스페이스포트 아메리카Spaceport America로 돌아온다. 현재 스페이스십2는 두 번째 테스트를 마쳤으며 버진 갤럭틱은 스페이스십2 내부까지 공개하고 나섰다. 2021년 상반기, 창

업주인 리처드 브랜슨을 스페이스십2에 태워 우주여행을 보
낸다는 포부까지 밝혔다. 버진 갤럭틱은 여행사다운 면모를
앞세워 우주 관광을 도시 관광보다도 더 쉽게 접할 수 있는
세상을 꿈꾸는 중이다. 스페이스X, 블루오리진, 버진 갤럭틱
까지 우주여행의 시작을 2021년으로 계획 중이다. 영화에서
만 보던 우주여행은 빠른 속도로 현실에 가까워지고 있다.

4

우주 인터넷 ;
진정한 초연결

인공위성으로 만든 별자리

우주여행이 앞으로 수익화 가능성이 있는 비즈니스라면, 이제는 지금도 수익을 창출하고 있는 분야를 살펴보자. 바로 인공위성이다. 국내에서는 어디서나 빠르고 쉽게 인터넷을 사용할 수 있다. 하지만 우리나라만 벗어나도 인터넷 속도가 느린 곳이 많다. 오랜 항해를 위해 바다로 나서는 경우나 비행기를 타는 경우는 더욱 불편하다. 국내에서도 높은 산을 오르거나 배를 타고 바다로 가면 종종 인터넷이 끊긴다. 미국에서는 지금도 요세미티 국립 공원을 관광할 때 인터넷이 제대로 터지지 않아 종이 지도를 들고 다녀야 한다. 현재 인터넷은 광케이블을 통해 기지국과 기지국을 연결해 제공되고 있다. 국립 공원, 산지, 사막에는 광케이블을 깔지 않기 때문에 인터넷을 사용하기 어려울 수밖에 없다. 이러한 문제에 대한 해결책으로 우주 관련 기업들이 제시하는 것이 저궤도 인공위성 인터넷 통신이다. 저궤도 인공위성이 거대 글로벌 기업들이 그리는 만큼 확산해 하늘에서 일종의 별자리를 그리게 된다면 비행기에서 핸드폰을 끄거나 에어플레인 모드로 전환할 필요가 없을 수 있다. 다른 나라를 갈 때 로밍을 하지 않아도 달라지지 않는 인터넷 통신 환경을 경험할 수도 있다.

실제로 우주 기업들이 여행보다 수익성에 초점을 맞추는 분야가 저궤도 인공위성을 통한 사업이다. 저궤도 인공위성을 통한 통신 및 인터넷 서비스 제공, 관측을 통한 데이터 관련 사업 등 다운스트림 분야가 주목을 받는 이유다. 특히 통신과 인터넷 서비스에는 글로벌 거대 기업들이 도전장을 내밀고 있는데, 스페이스X, 블루오리진, 버진 오르빗이 대표적이다. 우주여행에서도 가장 두각을 나타내는 세 개 기업이 저궤도 인공위성 사업에서도 주도권을 쥐고 있다.

스페이스X ; 스타링크

가장 먼저 스페이스X는 스타링크라는 저궤도 인공위성 사업부를 가지고 있다. 스타링크는 2020년대 중반까지 1만 2000개에 이르는 통신 위성을 발사해 전 세계에 초당 1기가비트(Gbps, 1초에 대략 10억 비트의 데이터를 보낼 수 있는 속도)의 초고속 인터넷을 보급한다는 계획이다. 이 프로젝트를 위한 위성의 수는 현재 작동 중인 모든 위성의 수보다도 많으며, 하나하나의 위성도 큐브샛cubesat이라 불리는 100킬로그램 미만의 초소형 위성이 아닌 400킬로그램의 마이크로샛microsat 규모의 위성이다. 먼저 저고도에 4425개의 위성을 발사하고, 그보다 낮은 초저고도에 7518개의 위성을 발사해 지구 전역을 아우르는 통신망을 구축한다는 계획이다.

　　스타링크 프로젝트의 목표는 인터넷 연결이 어려운 지역에 초고속 인터넷 서비스를 제공하는 것이다. 2016년 11월에는 인터넷 서비스를 제공하겠다는 신청서를 미국 연방통신위원회(FCC)에 제출했고, 시험용 면허를 발급받았다. 스타링크는 향후 기가비트급 초고속 인터넷 네트워크를 구축할 계획이다. 우선은 미국 전역에 초고속 인터넷 서비스를 제공한 뒤 차차 글로벌로 확대한다는 계획이다. 위성의 크기는 가로 1.1미터, 세로 0.7미터, 높이 0.7미터고, 무게는 400킬로그램 전후가 될 것으로 보인다. 지상 관측 기능도 포함된다. 수명은 5년이며, 수명이 끝나면 자동으로 궤도를 이탈해 연소를 통해 사라진다. 고도는 1000킬로미터 내외며, 안테나 설치가 필요하다. 여러 장점 중 하나는 정지 궤도 위성에 비해 지연 시간이 없어 초당 1기가비트의 신호를 보낼 수 있다는 것이다.

이렇게 되면 나라마다 인터넷 인프라를 깔 필요가 없어진다. 현재 전 세계적으로 활발하게 운영되고 있는 항법 위성을 살펴보면 결코 어려운 일이 아닌 것처럼 보인다. 항법 위성은 인공위성을 이용해 위치를 결정할 수 있는 체계로, 자율주행 등에 응용될 것으로 기대되는 기술이다. 중궤도의 위성 24기만으로 전 세계에 신호를 제공할 수 있다. 단 인터넷을 제공하는 위성의 경우 지구와 더 가까운 거리에 있어야 한다. 인터넷은 속도가 생명이기 때문이다. 지구로부터 가까운 거리에 있어야 시간 지연이 덜하고, 통신 강도도 세다. 정지 궤도 혹은 중궤도 위성으로는 한계가 있다.[23] 현재의 정지 궤도 위성은 고도 3만 6000킬로미터 상공에 있는데 저궤도 위성은 300~600킬로미터 상공에 발사된다. 단순히 거리만 봐도 크게 가까워졌음을 확인할 수 있다. 따라서 저궤도 소형 위성이 대안으로 각광받는다. 이 저궤도 소형 위성 분야에서 가장 앞서고 있는 것이 바로 스페이스X의 스타링크 프로젝트다.

만약 스타링크 프로젝트가 성공적으로 정착하면 스페이스X는 전 세계에 초고속의 인터넷을 제공할 수 있게 된다. 제도와 법규 문제만 해결되면 통신 서비스 제공도 가능해진다. 페이스북의 조사에 따르면 전 세계 가구의 45.2퍼센트가 인터넷 서비스를 이용하지 못하고 있다. 이들에게 값싼 인터넷을 제공할 수 있다. 속도 측면에서도 이점이 있기 때문에 기존 인터넷 이용자들도 유치할 수 있다. 가령 전 세계의 사용자들이 값싼 스타링크 프로젝트에 가입해서 월정액 요금을 지불하면 값싸고 빠른 속도의 인터넷 서비스를 언제 어디서나 사용할 수 있다. 심지어 비행기에서도 사용 가능하며, 해외 로밍도 필요 없다. 스페이스X는 2020년 6월 베타 유저들을 모집했다. 스페이스X는 2020년 8월 1일, 우주 인터넷인 스타링크에 대한 수요가 "놀라운extraordinary" 수준이라고 표현했다. 예상했던 것보다 폭발적인 반응이 나오면서 스페이스X는 FCC에 인터넷 터미널을 사용할 수 있는 사용자를 100만 명에서 500만 명으로 늘려 달라 요청했다. 스페이스X는 2020년

12월 기준 약 960개의 스타링크 인공위성을 쏘아 올렸으며 지속적으로 인공위성을 쏠 계획이다. 8월 기준 600개였던 것을 생각해 보면, 4개월 동안 360개의 인터넷 통신 인공위성을 추가로 발사한 것이다. 스페이스X의 스타링크 프로젝트는 매우 빠른 속도로 진행되고 있다.

스페이스X는 2020년 여름 계획한 대로 미국 북부 지역에서 "Better Than Nothing Beta" 서비스를 시작했다. 2021년 말까지 약 1년 동안 글로벌 커버리지를 제공하는 것이 목표다. 속도에 대해서 일론 머스크는 지상 기반 인터넷과 견줘도 되는 속도일 것이라 자부했으며 지연 속도는 20밀리세컨드 이하일 것이라 언급했다. 미국 자료 조사 기관인 스태티스타Statista에 따르면, 2019년 기준 미국 4대 통신사 4G 평균 지연 속도가 50밀리세컨드다. 현재 미국 4G 속도와 비교해 봐도 손색이 없을 뿐 아니라 오히려 빠른 속도다. 지역마다 속도 차이가 있기는 하지만 더 많은 저궤도 인공위성을 발사하면 지역별 속도 차이는 줄어들 것이다. 가격 측면에서도 부담스럽지 않다. 스페이스X의 스타링크 인터넷 사용료는 한 달에 99달러(10만 8000원)다. 물론 스타링크 위성 인터넷과 연결하기 위해 위성 안테나가 포함된 스타링크 키트kit를 449달러(49만 원)에 사야 한다. 크기도 매우 작고 쉽게 설치할 수 있기 때문에 큰 불편함은 없다는 것이 외부 검증에 참여한 사람들의 평가다. 현재 평균적인 위성 인터넷의 소비자 가격이 한 달 약 9만 3000원인 것을 생각해 보면, 비싸지 않은 편이다. 앞으로 더 많은 커버리지를 제공하면 가격은 낮아지고 속도는 빨라질 가능성도 있다.

모건스탠리Morgan Stanley는 스페이스X의 스타링크 프로젝트가 앞으로 가장 좋은 시나리오로 전개될 경우 스페이스X의 기업 가치가 1000억 달러(109조 원) 이상이 될 것으로 예상했다.[24] CNBC에 따르면, 2020년 7월 기준 스페이스X의 기업 가치는 440억 달러(48조 원)이다.[25] 그만큼 스타링크 프로젝트의 성장 가능성이 높다는 의미다.

이렇듯 주목을 받는 스타링크에 대해서 2020년 2월, 블룸버그 통신은 미국 증시 상장 가능성을 보도했다. 그원 샷웰 스페이스X 최고운영책임자는 JP모건이 주최한 행사에서 우리는 지금 비상장 회사지만 스타링크는 신규 상장하기 적합한 사업이라고 말했다. 샷웰의 발언은 스타링크 상장 가능성에 불을 지폈고 월스트리트의 관심이 집중됐다. 일론 머스크는 2020년 3월에는 스타링크를 상장하지 않을 것이라고 발언했지만 9월 트위터를 통해 상장 가능성을 시사했다. "아마 스타링크가 기업 공개IPO를 하겠지만, 매출 성장이 완만하고 예측 가능해지는 향후 수년 뒤에나 가능할 것"이라고 말한 것이다. 아직 스타링크의 상장을 속단하기는 이르지만 가능성은 충분하다. 분명한 것은 스타링크 프로젝트에 대한 대중의 관심은 매우 뜨거우며, 스타링크 프로젝트는 성공할 경우 스페이스X의 기업 가치를 크게 높일 수 있는 사업이라는 점이다.

일론 머스크는 스타링크를 통해 큰 그림을 그리고 있다. 테슬라는 스타링크 인터넷망을 활용해 차 안에서 실시간 교통정보가 필요한 위성 지도, 음악과 동영상 등의 스트리밍 서비스 제공, 인터넷 이용 등을 누릴 수 있게끔 서비스를 구축하고 있다. 이 부분에 대해서 일론 머스크가 구체적으로 언급한 적은 없지만, 현실화한다면 우리의 일상이 획기적으로 바뀔 가능성이 있다.

기술적인 단계를 천천히 생각해 보자. 지금 우리는 차에 타자마자 핸드폰과 자동차를 블루투스로 연결한다. 전화를 받기 위해, 음악을 듣기 위해, 내비게이션 애플리케이션을 켜기 위해서다. 운전자가 자동차에 탑승하는 것을 감지해 저절로 블루투스 연결이 되기도 한다. 하지만 테슬라가 스타링크 인터넷망을 활용한다면 핸드폰과 자동차의 연결이 따로 필요하지 않을지도 모른다. 자동차 자체가 통신 기기 역할을 할 수 있기 때문이다.

예를 들어 운전 중에 전화가 온다면 지금은 핸드폰 통신을 통해 착신된 전화가 블루투스로 자동차와 연결돼 있기 때문에 자동차에서 스피커로 통화를 할 수 있다. 그 대신 전화를 착신하는 개체가 핸드폰이 아니라 자동차 자체가 될 수도 있다. 지금은 자동차에서 음악을 들을 때 스마트폰에서 음악 앱을 실행한 다음, 스마트폰에서 재생되는 노래를 블루투스 연결을 통해 자동차 스피커로 듣는다. 하지만 테슬라와 스타링크가 시너지를 낸다면, 자동차가 인터넷망을 이용해 음악을 틀 수 있게 된다. 운전할 때 휴대 전화 내비게이션 앱을 실행시켜 핸드폰 화면을 보면서 운전하지 않고, 앱 실행을 스타링크의 인터넷 통신망을 통해 테슬라 자동차에서 할 수 있게 되는 것이다. 통신망, 인터넷망을 통해 할 수 있는 모든 것을 핸드폰이 아닌 자동차가 하는 세상이 열릴 가능성이 있다. 스타링크가 미국의 대형 통신 회사인 버라이즌Verizon과 영상 콘텐츠 구독 플랫폼인 넷플릭스Netflix를 합친 것과 같다는 이야기가 나오는 이유다. 스타링크 프로젝트는 테슬라가 구독 경제와 플랫폼 기업으로 거듭나는 핵심 사업인 셈이다.

스타링크 프로젝트의 목표가 이뤄진다면 저궤도 인공위성을 통해 전 세계 통신과 인터넷을 장악할 수 있다. 통신과 인터넷이 가진 힘은 말이 필요 없을 정도로 크다. 5G 주도권을 두고 미국 정부가 중국의 최대 통신 장비 업체인 화웨이에 압박을 가하는 상황을 보면 이해할 수 있다. 만약 스페이스X를 비롯한 몇몇 기업들이 저궤도 인공위성을 통해 전 세계 인터넷 및 통신망을 장악하면 어떤 영향을 끼치게 될까. 멕시코의 통신 재벌 카를로스 슬림Carlos Slim을 통해 간접적으로 유추해 볼 수 있다. 그는 아메리칸 모빌America Movil, 카르소 글로벌 텔레콤Carso Global Telecom 등의 기업을 소유, 경영하고 있다. 별명은 '멕시코의 경제 대통령'이다. 그가 소유한 텔셀Telcel이라는 통신 회사의 멕시코 내수 시장 점유율은 70퍼센트에 달한다. 보험, 은행 등 금융업을 다루는 인부르사Inbursa를 소유하고 있고 항공, 건축, 정유, 건설, 운송 등 거의 모든 사업 분야에 진출했다. 그가 소유한 기업들의 총생산량은 멕시코 국내 총생산GDP의 5퍼센트나 돼 '슬림 제국'이라는 말까지 생겨났다. 최근에는 브라질 5G 시장 진입을 목표로 대규모 투자에 나서고 있는 것으로 알려졌다. 중남미 통신 시장을 장악하고 있는 카를로스 슬림도 이 정도인데, 특정 기업이 저궤도 인공위성을 통해 전 세계 통신과 인터넷 시장을 장악한다면 그 파급력은 어마어마할 것이다.

블루오리진 ; 카이퍼 프로젝트

이렇게 가능성과 잠재력이 풍부한 사업을 민간 우주 기업들이 그냥 지켜보고 있을 리 없다. 2020년 7월 30일 아마존닷컴은 미국 연방통신위원회로부터 카이퍼 프로젝트kuiper project를 진행해도 된다는 승인을 받았다. 이 프로젝트는 블루오리진이 지휘한다. 블루오리진은 카이퍼 프로젝트를 통해 지상 600킬로미터 전후 저궤도에 총 3236개의 궤도 위성을 배치

하고, 지구상 어디에서나 빠르고, 지연 시간이 적은 인터넷 서비스를 제공하겠다고 밝혔다. 고도 590킬로미터에 784개, 고도 610킬로미터에 1296개, 고도 630킬로미터에 1156개의 위성이 각각 배치된다. 위성이 발사되면 북위 56도(스코틀랜드)~남위 56도(남미 최남단)에 이르는 지역까지 연결돼 세계 인구 95퍼센트의 거주 지역을 커버할 수 있을 것으로 기대된다. 아마존은 이 프로젝트에 10조 원 이상을 투자하기로 했다. 통신 회선 매설이 어려운 산간 지역 등이나 개발 도상국에 광대역 통신 보급률을 증가시키겠다는 계획이다. 사업화를 위한 구체적인 투자나 서비스 개시 시기는 알려지지 않았다. 하지만 아마존은 프로젝트 성공을 위해 스페이스X의 스타링크 위성 부문을 이끈 라지프 바달Rajeev Badyal 부사장을 영입했다. 이에 심기가 불편해진 일론 머스크가 제프 베조스를 비난하기도 했다.

제프 베조스가 경쟁사인 스타링크 부사장을 영입할 정도로 카이퍼 프로젝트에 공을 들이는 이유는 인터넷, 통신 시장 장악뿐만 아니라 아마존이 영위하고 있는 다른 사업과의 시너지를 기대해 볼 수 있기 때문이다. 제프 베조스는 아마존과 카이퍼 프로젝트의 연관성에 대해서 어떠한 언급도 하지 않았다. 하지만 아마존의 클라우드 사업부인 아마존 웹 서비스AWS는 2018년부터 위성 통신 지상 기지국을 만들기 시작했다. AWS 지상 기지국은 위성과 통신할 수 있는 안테나, 위성 데이터 처리, 저장 그리고 데이터를 전송하기 위해 필요한 서버, 스토리지, 네트워크 등을 모두 제공한다. 2019년에 상용화했으며 현재 블루오리진, 카펠라 스페이스Capella Space 등 다양한 우주 스타트업들이 AWS 지상 기지국을 통해 위성 데이터를 사용하고 있다. 아마존은 카이퍼 프로젝트를 통해 저궤도 인공위성을 발사하기 전부터 지상 기지국 준비를 마친 셈이다. 이제 제프 베조스는 블루오리진을 통해 저궤도 인공위성을 발사하고, 그 인공위성이 AWS 지상 기지국으로 보낸 데이터를 받아 AI를 통해 처리, 분석하고 위성 데이터를 아마존 클라우드에 저장할 수 있는 역량을 가지게 된다. 이렇게 되면 AWS는 가공된 위성 데이터를 기업, 정부, 대학에 판매할 수 있다. 그리고 위성 데이터까지 클라우드로 제공하는 방식으로 유저를 늘려 클라우드 시장에서 아마존 점유율을 늘려 나갈 수도 있다

물류 시스템에서는 어떤 점을 기대해 볼 수 있을까. 제프 베조스의 비전을 지금 당장 구체적으로 그리기는 어렵다. 다만 진정한 의미의 '실시간 조회'가 가능해질 수 있다. 지금은 실시간 조회라고 하더라도 택배 움직임을 바로바로 반영하는 것은 아니다. 배송 예상 시간을 2~3시간 사이로 알려주거나 택배 위치 실시간 조회를 하더라도 물류 창고 주소를 알

려주는 것에 그친다. 정확한 배달 시간을 알고 싶다면 택배 기사와 통화해야 한다. 하지만 카이퍼 프로젝트와 아마존 웹 서비스 지상 기지국이 함께 위치 데이터를 처리한다면 택배 트럭이 달리고 있는 도로의 번호, 분 단위의 정확한 도착 시간까지 예상 할 수도 있다. 어쩌면 아마존은 블루오리진과 프로젝트 카이퍼를 통해 인터넷 통신 회사 혹은 그 이상을 상상하고 있을지도 모른다.

버진 갤럭틱과 원웹

버진 갤럭틱도 저궤도 인공위성 사업을 하고 있다. 2017년 3월 버진 갤럭틱의 저궤도 인공위성 론칭 사업부였던 버진 오르빗을 독립 사업체로 분리했다. 버진 오르빗은 보잉 747 규모의 비행기에 소형 로켓 발사대를 실어 지상 10킬로미터 상공에서 발사해 목표 궤도까지 위성을 보내는 연구를 하고 있다. 스페이스X의 스타링크 프로젝트에 사용되는 위성보다 훨씬 가벼운 큐브샛(100킬로그램 이하의 위성)이나 300~500킬로그램의 소형 위성을 발사할 계획이다. 버진 오르빗은 2019년 10월 폴란드 인공위성 개발 업체인 샛레볼루션SatRevolution, 폴란드 정부, 유수의 대학과 함께 화성 탐사 컨소시엄을 구성했다. 컨소시엄의 목표는 2022년 화성에 탐사용 위성 큐브샛을 보내는 것이다. 여기서 버진 오르빗의 역할은 로켓 런처 원LaucherOne을 항공기에서 분리해 화성 궤도까지 큐브샛을 올리는 것이다. 이후에는 화성뿐만 아니라 금성 및 여러 행성에 탐사 큐브샛을 보낼 것이라고 밝히기도 했다. 버진 오르빗의 야심이 엿보이는 대목이다. 버진 오르빗도 저궤도 큐브샛을 통해 인터넷 서비스를 제공할 목표를 가지고 있다. 통신 서비스 외 우주 인공위성 사업에 진출을 꾀하고 있는 듯하다.

다만 큐브샛을 통해 인터넷 통신을 구축하거나 화성에 탐사 큐브샛을 보내기 위해선 발사체 로켓인 런처원의 성공이 필수 조건이다. 하지만 안타깝게도 2020년 5월, 첫 번째 발사에서 실패했다. 코스믹 걸(비행기)에서 런처 원(발사체) 분리는 성공적이었으나 이후 테스트를 중단한 것이다. 인공위성 발사에 있어서 버진 오르빗은 스페이스X의 스타링크나 블루 오리진의 카이퍼 프로젝트보다 시간이 걸릴 것으로 보인다.

마지막으로 소개할 저궤도 인공위성 기업은 원웹OneWeb이다. 원웹은 이미 통신 위성 분야의 강자다. AT&T를 소유했던 소프트뱅크의 손정의 회장이 투자하면서 수면 위로 떠오른 회사다. 구글 출신인 그렉 와일러Greg Wyler가 2012년 창업한 원웹은 위성 수백 대를 우주 공간에 쏘아 올려 오는 2025년까지 개발 도상국과 선진국에 거주하는 1억 명에게 인터넷을 제공한다는 계획을 갖고 출범한 스타트업이다. 도심을 운행하는 자동차, 미국 시골 지역의 가정, 개도국의 학교 등에 인터넷을 보급하는 사업 모델을 보유하고 있다. 수백 대의 위성을 우주에 띄워 전 세계를 잇는 인터넷 시대를 구현하겠다는 것이 원웹의 구상이었다. 하지만 문제는 위성 제작 비용이었다. 이때 구원자처럼 나타난 사람이 바로 손정의 회장이다. 그는 아직 인터넷이 연결되지 않은 곳이 많다며 전 세계 인터넷 연결과 이에 따른 사물인터넷IoT, 스마트시티의 발전 가능성이 높다는 투자 이유를 밝혔다.

원웹의 위성은 고도 1200킬로미터에서 지구를 도는 저궤도 위성이다. 고도 3만 6000킬로미터에서 지구를 공전하는 기존의 정지 위성보다 고도가 훨씬 낮다. 당연히 저궤도 위성은 통신 속도가 빠르고 통신 비용도 저렴하다. 원웹은 통신속도를 연간 100~200테라바이트씩 늘린다는 계획이었다.

그러나 코로나19 이후 손정의 회장의 비전펀드vision fund가 자금난을 겪으면서 투자를 철회했고, 원웹은 파산 보호 신청을 했다. 브렉시트Brexit로 더 이상 EU의 '갈릴레오 위성 항법 시스템'을 사용하지 못하게 된 영국 정부는 인도 대형 통신기업 바르티 글로벌Bharti Global과 함께 원웹을 1조 원에 낙찰받았다. 영국 정부는 45퍼센트의 지분만 갖고, 기업 운영은 인도 통신 회사가 한다. 당시 아마존이 원웹 인수에 관심을 보인다는 소식이 전해지기도 했다. 그만큼 원웹은 통신 위성 분야에 뛰어난 기술력을 보유하고 있다. 하지만 파산 단계를 겪은

아마존의 '카이퍼 프로젝트' ⓒ아마존

만큼 원웹이 위성을 우주로 보내기까지는 상당한 시간이 걸릴 것으로 보인다.

이렇게 해외 기업들은 우주여행과 함께 저궤도 인공위성을 통해 지구와 우주를 연결하는 방법들을 모색 중이다. 획기적인 생각으로부터 시작된 분야인 만큼 명확하게 와닿지 않을 수도 있다. 그러나 스타링크 프로젝트와 카이퍼 프로젝트는 완벽하게 연결된 지구를 구상하고 있다. 이미 스페이스X의 스타링크는 개인 유저들을 상대로 베타 테스트까지 실행 중이고 반응도 상당히 긍정적이다. 이러한 상황에서 몇만 대의 인공위성이 지구를 완벽하게 커버해 앞서 언급한 회사들의 위성 인터넷 통신을 익숙하게 사용하게 될 날이 머지않았다.

인류의 마지막 투자처

수익성이 입증된 만큼 우주 산업에 대한 투자도 활발해지고 있다. 금융업에 종사하는 사람들이 사용하는 격언 중 '돈은 거짓말을 하지 않는다'라는 말이 있다. 돈이 향하는 데에는 이유가 분명히 존재한다고 생각하는 것이다. 그러한 관점에서 뉴 스페이스에 대한 관심은 크다. 모건스탠리는 2017년 3500억 달러(383조 원) 내외인 우주 산업 시장이 2040년 1조 달러(1090조 원) 이상이 될 것으로 전망하고 있다.[26] 민간 투자를 받는 우주 기업들은 2000년 24개에서 2019년 375개로 늘었다. 전 세계 수백 개의 민간 우주 회사들은 앞으로 '우주 경제space economy'에 대변혁을 일으킬 것으로 보인다. 이때 우주로 쏠리는 돈의 흐름을 손쉽게 읽을 수 있는 것이 바로 상장 지수 펀드ETF다. 인덱스 펀드는 각 업종의 대표 종목을 한 그룹으로 묶어서 일정 비율로 투자하는 펀드인데, 인덱스 펀드를 상장시켜 투자자들이 주식처럼 편하게 사고 팔 수 있도록 한 상품이 ETF다.

ETF는 적극적으로 초과 수익을 추구하기보다 시장의 흐름에 맡기는 펀드에 투자하는 패시브 자금을 대표하는데, 중장기적으로 성장할 것으로 기대되는 테마에 자금이 몰린다. ETF는 buy-and-hold(산 이후 팔지 않고 그대로 포트폴리오 포지션을 유지하는 것)가 주된 전략이기 때문에 매일매일 변하는 금융 시장에 크게 흔들리지 않고 '메가 트렌드'로의 자본 흐름을 보여 준다. 최근 우주여행, 우주 탐사, 발사체 재활용 기술력에 근거한 뉴 스페이스 테마를 가진 우주 ETF로 자금이 몰리고 있다. 뉴 스페이스 우주 기업들에 대한 높은 관심이 금융 시장에서도 두드러지는 것이다.

우주 산업을 대표하는 여러 ETF 중 버진 갤럭틱을 높은 비중으로 포함하고 있는 상품의 인기가 가장 높다. 기존 항공 우주 방위 산업으로 분류되는 기업들보다 발사체 재활용과 빼어난 기술력을 기반으로 우주여행, 우주 탐사, 인터넷 통신까지 넘보며 뉴 스페이스 시대를 이끌어 갈 기업을 선호하는 현상이 이미 자금 흐름에서 드러나고 있다는 뜻이다.

ETF 시장에서 나타나고 있는 현상을 조금 더 설명해 보자면, 2019년 4월 처음으로 뉴 스페이스를 테마로 한 ETF가 출시됐다. 신상품을 내보내는 자산 운용사 입장에서는 앞으로 중요한 트렌드로 자리 잡을 산업을 모색해 ETF를 구성하기 마련이다. 실제로 5G 테마 ETF는 2019년 3월 처음으로 출시됐고 이후 5G는 금융 시장과 통신 업계의 키워드로 자리 잡았다. 2020년 봄부터 코로나19 사태로 주목받기 시작한 물류 창고 리츠REITs ETF도 2018년 11월 처음으로 출시됐다. 테마 ETF 출시가 선제적으로 트렌드로 자리 잡을 테마를 점찍어 줬던 셈이다. 2019년 뉴 스페이스, 인공위성 사업 등을 테마로 한 ETF가 새롭게 상장됐다는 것은 앞으로 뉴 스페이스 산업이 '메가 트렌드'로 자리 잡을 가능성이 매우 높아 눈여겨봐야 한다는 의미다.

우주는 우리의 이야기다

스페이스X와 블루오리진의 가슴 뛰는 성공 이야기를 보면, 자연스레 국내 기업들은 업스트림 분야에서 어느 정도 경쟁력을 가졌는가에 대한 궁금증이 생긴다. 냉정하게 봤을 때, 우리나라가 우주 강국은 아니다. 스페이스X나 블루오리진의 전매특허인 발사체 재활용 기술도 없다. 발사체 재활용 기술은 고사하고, 우주 강국들과 비교해 우주 발사체 분야에서 많이 뒤처진 것이 냉정한 현실이다. 이미 우주 선진국은 우주 발사체 기술을 확보해 자주적인 우주 개발을 추진하고 있다. 우주 발사체는 위성 발사와 우주 탐사를 위해 필요한 운송 수단으로 국가 간에 기술을 이전하는 것이 불가능하다. 독자 개발이 필수적인 이유다. 우주 강국들은 독자적으로 우주 개발을 추진할 뿐만 아니라 다른 나라의 인공위성을 발사해 주는 상업 발사 시장도 주도하고 있다. 우주 개발국의 지속적인 증가, 소형 위성 수요 증가에 따라 발사체 시장은 지속해서 확대될 것으로 보인다.

그렇다고 우주 산업을 마냥 남의 얘기라고 생각할 필요는 없다. 우주선을 쏘아 올리고, 우주여행을 하는 것만이 전부는 아니다. 업스트림 분야에서는 해외 기업들에 밀리고 있지만, 다운스트림 분야에서는 우리 기업들도 활약하고 있다. 통신을 수신하거나 위성을 통한 관측 및 데이터 사업은 바로 우리 삶을 직접적으로 바꾸는 분야다.

한국항공우주연구원에 따르면, 우리나라는 1990년대 과학 로켓 개발을 시작으로 우주 발사체 개발을 위한 기반을 다졌다. 한국 최초 우주 발사체인 나로호 발사에 성공했으며 이를 기반으로 독자 발사체인 한국형 발사체(누리호) 개발에 나서고 있다.

이제는 발사체를 우주에 쏘아 올리는 것 자체가 목적인 시기를 지나 그로부터 얻는 데이터를 우리 삶에서 어떻게 활용할지가 매우 중요해지는 시기가 왔다. 일상을 바꾸는 과학 기술에 대한 관심이 높아졌기 때문이다. 과거 세계 경제를 주도했던 IT 기업들이 대부분 PC나 스마트폰과 같은 하드웨어 분야에 집중했다면, 현재 MAGA(마이크로소프트, 애플, 구글, 아마존의 첫 글자를 딴 용어) 또는 FAANG(페이스북, 애플, 아마존, 넷플릭스, 구글의 첫 글자를 딴 말)이라는 이름으로 세계 경제를 주도하고 있는 기업 대부분은 플랫폼과 소프트웨어 분야에서 두각을 나타내고 있다. 이와 같은 변화는 그동안 IT 하드웨어의 혁신이 중요했다면 이제는 하드웨어가 궁극적인 목적이 아닌 수단으로 변화하고, 그로부터 얻는 데이터를 어떻게 활용하는지가 더 중요해지고 있음을 뜻한다. 항공 우주 산업도 마찬가지다. 업스트림 분야가 아니더라도, 다운스트림 분야에서 충분한 기술력과 경쟁력을 보유한다면 글로벌 항공 우주 패권을 쥐게 될 가능성이 아예 없는 것은 아니다. 우리를 포함한 세계 각지의 기업들이 경쟁에 뛰어드는 이유이기도 하다. 특히 데이터가 무기가 되는 오늘날, 그 누구도 쉽게 얻지 못한 우주의 데이터를 많이 확보한다면 그 자체가 강력한 무기가 될 수 있다.

우리가 지금처럼 지구 반대편의 소식을 쉽게 접하게 된 것도 인공위성 덕분이다. 그리 오래되지도 않았다. 세계 최초의 인공위성인 소련의 스푸트니크 1호가 발사된 시점이 1957년이기 때문이다. 미국의 나사가 세계 최초의 통신 전용 위성 에코 1호를 1960년에 발사했으니, 인공위성을 통신의 매개체로 사용한 지 이제 꼭 60여 년의 시간이 지났다. 인류의 역사를, 그리고 정보 통신의 역사를 생각해 본다면 인공위성의 역사는 너무나 짧은 것이 사실이다.

우리나라 우주 산업의 역사도 그리 길지 않다. 1992년 8월 우리나라 최초의 인공위성인 우리별 1호(공식 명칭 KITSAT-1)가 발사된 지 30여 년이 채 지나지 않았다. 하지만 그 짧은 기간에 우리나라는 세계적으로도 경쟁력 있는 항공 우주 기술을 축적해 가고 있다. 우리 삶과 밀접한 위성체, 지상체, 위성 서비스와 관련된 분야에서는 높은 수준에 도달했다. 우리나라가 개발하고 제작한 위성과 플랫폼을 도입하고자 하는 글로벌 고객이 늘어나고 있는 것이 이를 방증한다. 사실 우주 강국으로 나아갈 수 있는 한국의 잠재력은 상당히 크다. 반도체, 스마트폰, 5G 등 세계 최고 수준의 첨단 IT 기술을 보유했기 때문이다. 다만 그동안 우주 산업에 진출하는 것이 막대한 비용 지출을 수반한다는 부담으로 그 필요성에 대한 체감 온도가 낮았던 것이 사실이다. 하지만 4차 산업 혁명 시대를 맞아 우주 공간의 활용 가치, 그리고 우주로부터 얻을 수 있는 새로운 데이터들의 가치가 점점 부각됨에 따라 뉴 스페이스는 우리의 당면 과제가 됐다.

우주가 제공하는 5G

초연결 세상에서 위성 통신의 가치는 높아지고 있다. 저궤도 인공위성 통신은 지구 위를 돌아다니는 인공위성에서 5G와 LTE 수준의 인터넷 서비스를 제공하는 기술이다. 기지국을 통해 제공하는 5G 서비스는 이미 상용화됐다. 2019년 4월 세계 최초로 5G 이동 통신 서비스가 나왔고, 5G 통신 서비스를 이용할 수 있는 5G 전용 디바이스도 세계 최초로 출시됐다. 하지만 아직은 5G 통신 서비스를 체감하기에는 다소 부족해 보인다. 언론에서도 비싼 5G 요금제를 사용하지만 현재 제공되는 통신 서비스는 아쉽다는 뉴스를 쉽게 찾아볼 수 있다. 그런데 만약 5G급 통신 서비스(5G 기술 표준으로 정의된 최고 다운로드 속도 초당 20기가비트, 최고 업로드 속도 초당 10기가비트,

현실 다운로드 속도 초당 100메가비트, 현실 업로드 속도 초당 50메가비트)를 지구 전역에서 막히는 지역 없이 쓸 수 있다면 어떨까? 일론 머스크의 스페이스X가 추진하는 스타링크의 사업 목적이 바로 저궤도에 수천~수만 개의 소형 통신 위성을 띄워 전 세계에 음영 지역 없는 통신 서비스를 제공하는 것이다.

현재 5G급 통신 서비스 제공이 가능해진 결정적 배경도 결국 발사 비용의 절감이 가능했기 때문이다. 발사체 회수 등을 통해 발사체에 들어가는 비용을 획기적으로 줄인 것도 비용 절감에 큰 영향을 미쳤지만, 인공위성의 사이즈가 작아진 것도 중요한 요인으로 작용했다. 일반적으로 인공위성은 1000킬로그램 이상은 대형, 500에서 1000킬로그램 사이는 중형, 100킬로그램에서 500킬로그램 사이는 소형, 10킬로그램에서 100킬로그램 사이는 초소형으로 구분한다. 최근에는 1킬로그램에서 10킬로그램 사이의 나노 위성 및 1킬로그램 이하의 피코pico, 펨토femto 위성도 개발 중이다. 과거 우주 산업이 크게 발달하기 전에는 인공위성 하나의 무게가 1000킬로그램을 웃도는 대형 사이즈의 인공위성이 대부분이었고, 무게만큼 발사 비용도 더 많이 발생했다. 하지만 최근에는 가성비가 뛰어난 중형 및 소형 인공위성들이 많이 개발됐다. 여기에 발사체 회수 및 재사용과 같은 발사 비용 기술이 더해지면서 많은 수의 인공위성을 쏘아 올릴 수 있는 환경이 조성됐다. 즉 과거에는 발사체 하나에 1000킬로그램인 위성을 하나만 실어 쏘아 올려야 했다면, 이제는 100킬로그램 위성 10개, 또는 10킬로그램 위성 100개를 함께 쏘아 올릴 수 있게 된 것이다. 실제로 스타링크 위성은 한 번에 30~50여 개가 함께 발사되고 있다. 이 위성들은 주로 저궤도(고도 200~2000킬로미터)를 따라 공전하게 되는데, 고궤도(HEO·High Earth Orbit, 고도 약 3만 6000킬로미터)나 중궤도(MEO·Medium Earth Orbit, 고도 약 5000~1만 5000킬로미터)보다 훨씬 낮은 궤도를 따라 돌기 때문에 기존 고궤도·정지 궤도 위성보다 훨씬 빠른 속도의 통신이 가능하다. 위성 인터넷 시대가 눈앞에 성큼 다가온 것이다.

2020년 6월에는 중국이 깜짝 놀랄 만한 발표를 했다. 중국의 국영 통신사인 차이나유니콤이 저궤도 통신 위성을 활용해 5G급 속도 구현에 성공했다고 밝혔기 때문이다. 차이나유니콤이 발표한 내용에 따르면 5G 스마트폰 평균 다운로드 속도는 초당 382메가비트, 평균 업로드 속도는 초당 91메가비트로 5G 기술 표준의 현실 구현 속도 기준을 모두 충족하는 데 성공했다. 이때 사용된 통신 위성은 앞서 2020년 1월 발사된 중국 민간 우주 항공 기업 갤럭시스페이스GalaxySpace의 통신 위성이다. 미국과 중국이 여러 분야에서 다투고 있지만, 이제는 우주 산업 영역에서도 치열한 경쟁의 서막이 오른 것이다. 사실 미국과 중국의 통신 전쟁은 어제오늘의 일만은 아니다. 그렇다고 지금의 경쟁을 단순히 통신 산업 내에서 우위를 차지하기 위한 다툼으로 치부할 수는 없다. 통신 기술이야말로 오늘날 우리가 맞이한 4차 산업 혁명 시대의 가장 중요한 경쟁력이자 우리 삶과 가장 가까운 기술이다. 미국이 중국과의 무역 전쟁을 펼치고, 특정 기업의 통신 장비를 사용하지 말 것을 세계 각국에 주장하는 이유는 단순한 기술 경쟁이 아니라 4차 산업 혁명의 패권을 뺏기지 않기 위해서다.

사실 중국의 IT 기술 발전은 주변 국가를 긴장시키기에 충분하다. 중국 기업이 글로벌 통신 장비 시장 점유율 1위를 차지하고 있을 뿐만 아니라 반도체와 디스플레이 등 다양한 분야에서도 중국 기업들의 맹추격이 이어지고 있기 때문이다. 정보 유출 등 보안상의 이유로 중국 기업의 통신 장비를 사용하지 말자는 움직임이 있지만, 세계 각국의 통신 사업자들이 쉽게 결정을 내리지 못하는 이유에 대해 생각해 볼 필요가 있다. 뛰어난 '가성비'가 뒷받침되고 있기 때문이다. 가성비가 뛰어나다는 것은 단순히 가격이 저렴하다는 것이 아니라 가격이 저렴하면서도 뛰어난 성능을 갖추고 있음을 의미한다. 중국의 일대일로—帶—路 전략으로 예를 들어 보자. 일대일로란 해상과 육상을 연결해 무역을 확대하는 중국의 대규모 프로젝트를 말한다. 자체적으로 인프라를 구축하기 위한 비용이나 기술이 부족한 동남, 중앙아시아 국가부터 아프

리카 국가들을 대상으로 과감한 투자를 진행하되, 장기 인프라 이용권을 확보하는 것이 주요 골자다. 중국 통신 기업들의 전략도 크게 다르지 않다. 중국의 통신 장비 기업들은 뛰어난 가성비를 바탕으로 4G 추가 및 보완 투자에 적극적이었고, 중국 통신 장비를 도입한 글로벌 통신 사업자들은 이미 습득한 학습 효과로 통신 장비 사업자를 쉽게 교체하지 못하게 됐다. 이렇게 글로벌 시장 점유율 1위까지 오른 중국 기업들에 대항하기 위해 우리나라는 벌써 6G 기술 개발 논의를 시작했고, 미국은 민간 기업의 신기술 투자 및 신규 사업 영역 진출을 적극적으로 권장하고 있다. 일론 머스크의 스페이스X가 그렇고, 제프 베조스의 블루오리진이 그렇다. 특히 국가별 영공의 개념이나 구체적인 규제와 법률이 없는 우주 산업 분야는 더욱 선점 효과가 클 것으로 예상되기 때문에 속도 전쟁이 치열해지고 있다. 현재는 스페이스X로 대변되는 미국이 먼저 한 걸음 앞서 나가고, 차이나유니콤으로 대변되는 중국이 뒤따르는 모양새다. 갈수록 두 나라의 경쟁은 점점 더 격화할 것으로 예상된다.

일반적으로 기술 발전을 위한 국가 또는 기업 간 경쟁이 치열해지면 그 혜택은 소비자에게 돌아간다. 앞선 기술이나 서비스를 더욱 저렴한 가격으로 이용할 수 있기 때문이다. 하지만 반대로 피해를 보는 경우도 있다. 발전한 기술로 인해 도

태되거나 더 이상 사용하지 않게 되는 기술의 경우가 대표적이다. 앞서 미국과 중국의 패권 다툼으로 인해 우주 산업 내 경쟁은 더욱 치열해질 것이고, 특히 민간 기업들의 적극적인 참여로 저궤도 통신 위성을 활용한 5G급 위성 통신 서비스 사용이 가능할 것으로 예상했다. 세계 여행을 좋아하는 사람이라면 어디서든 음영 지역 없이 빠른 속도의 인터넷을 즐길 수 있고, 심지어 비행기에서도 편안하게 인터넷을 즐길 수 있는 환경이 조성되기 때문에 만족도는 점점 높아질 것이다. 하지만 이로 인해 피해를 보는 분야도 있다. 이동 통신 서비스를 제공하는 통신 사업자가 피해를 입을 가능성이 크다. 통신 산업은 우리나라뿐만 아니라 전 세계적으로도 대표적인 국가 기간산업 중 하나다. 통신 산업에 진출하기 위해서는 일반적으로 정부의 허가 및 승인이 필요하기 때문에 진입 장벽이 매우 높다. 그런데 저궤도 통신 위성 시장이 확대되면서 전혀 예상하지 못했던 시나리오가 전개되고 있다. 전혀 다른 산업 분야로 알고 있었던 곳에서 새로운 경쟁자들이 등장하기 시작했다.

완전한 형태의 5G 통신 서비스가 모두 갖춰진다면 초당 최고 20기가비트의 다운로드 속도 구현이 가능하다. 8기가바이트의 고화질 영화 한 편을 다운로드 받는 데 걸리는 시간은 불과 3~4초 수준이다. 헷갈릴 수 있어 정리하자면, 초당 20기가비트와 초당 20기가바이트의 속도는 다르다. 1바이트가 8비트이므로 초당 20기가비트는 초당 2.5기가바이트를 다운로드할 수 있음을 의미한다. 따라서 8기가바이트의 영화를 다운로드받기 위해서는 약 3~4초가 소요된다.

초고해상도의 콘텐츠나 대용량의 데이터를 주고받기 위해서는 더욱 빠른 속도가 필요하다. 하지만 일반적인 소비자 입장에서는 5G도 충분히 만족을 느끼는 수준이다. 그렇다면 소비자가 소비를 결정하는 데 있어 중요하게 생각하는 다음 요인은 무엇일까. 속도를 중요하게 생각하는 국내 소비자들이 지금까지 데이터 전송 속도에 만족했다면 다음은 서비스의 질이나 서비스 범위를 중요하게 생각할 것으로 보인다. 해외여행 중에도 국내와 같은 통화 품질과 데이터 전송 속도 유지가 가능하고, 심지어 비행기로 이동 중에도 마음껏 데이터를 사용할 수 있는데 별도의 로밍 신청을 할 필요가 없고, 추가로 부과되는 요금도 없다면 소비자의 마음을 흔들 수 있지 않을까? 저궤도 통신 위성을 활용하는 사업자가 앞서 언급한 것과 같은 서비스를 제공한다면 우리는 어떤 선택을 하게 될까? 물론 대표적인 국가 기간산업 중 하나인 통신 산업 내에서 현실적으로 이런 경쟁이 벌어질 가능성은 매우 낮다. 정부 차원에서 규제와 대응이 이뤄질 가능성이 크기 때문이다. 하지만 저궤도 통신 위성을 활용한 통신 서비스 사업을 영위하는 스페이스X나 원웹과 국내 통신 사업자들이 협력할 가능성은 매우 크다. 스페이스X나 원웹의 위성 통신망 가입 및 사용에 대한 위탁 운영을 할 가능성도 있고, 해외 사용자 서비스 개선을 위해 그들이 구축한 위성 통신망 사용 후 사용료를 지급할 가능성도 있다. 추상적인 예측일 수 있지만, 확실한 것은 우리가 통신 서비스를 사용하는 환경이 개선될 것이라는 점이다.

그렇다면 저궤도 통신 위성 산업에서 우리나라와 가까운 분야는 어디일까. 위성체와 지상체 시장이다. 우선 위성체는 중소형 위성 제작 및 부품 수요 증가에 따른 반사 이익을 기대해 볼 수 있다. 앞서 스페이스X의 스타링크 사업은 통신 위성 수를 현재 600여 개에서 1만 2000여 개까지 확대할 계획임을 언급한 바 있다. 이는 1만 대 이상의 중소형 통신 위성 수요가 발생한다는 의미다. 한때 자금 조달에 실패하면서 힘든 시기를 겪었던 원웹도 현재 약 70여 기의 통신 위성을 발사했는데, 향후 약 600여 대를 추가 발사할 계획이다. 아직 이들 기업으로부터 정식으로 중소형 위성 제작 의뢰를 받은 국내 기업은 없는 것으로 파악되지만, 향후 수요가 폭발적으로 늘어날 가능성이 있다는 점에서 중소형 위성 자체 제작 기술을 보유한 우리나라는 후보군으로 거론될 가능성이 높다.

지상체는 안테나와 통신 단말기로 나눌 수 있다. 안테나의 경우 이미 위성 통신 사업자의 공식 의뢰를 받아 제품을 납품한 국내 기업이 존재한다. 특히 저궤도 인공위성의 경우 중궤도나 고궤도와 달리 지상에서 보는 인공위성의 이동 속도가 상대적으로 빨라서 하나의 안테나만으로는 끊임없이 안정적인 교신을 하기 힘들다는 문제점이 있다. 따라서 저궤도 통신 서비스를 이용하기 위해서는 항상 한 곳에 듀얼 안테나가 필요하기 때문에 안테나를 제작하는 업체 입장에서는 시장이 배로 커지는 효과를 얻을 수 있다. 통신 단말기는 위성 통신망을 이용하여 전화 통화나 메시지를 주고받는 휴대용 디바이스를 말한다. 국내 기업이 이미 스마트폰 형태와 유사한 형태의 위성 통신 단말기를 개발한 바 있으며, LTE 정도의 속도로 사용할 수 있다(물론 이용 요금이 무척 비싸다). 이미 글로벌 위성 통신 사업자에게 다양한 제품을 공급 중이다. 사실상 지구 면적의 약 3분의 1에 해당하는 지역에서는 우리나라 기업이 만든 위성 통신 단말기를 사용 중이라고 해도 과언이 아니다. 만약 저궤도 인공위성을 활용한 위성 통신 시장이 우리가 현재 사용하고 있는 지상 통신망을 뛰어넘는 순간이 다가온다면 어떤 일이 벌어질까. 삼성전자와 애플로 대변되는 글로벌 스마트폰 시장에 위성 통신 단말기 사업자가 새로운 경쟁자로 떠오를 수도 있다.

하늘에서 날아든 정보의 힘

인공위성이 가져다주는 정보도 우리의 삶을 크게 바꿀 수 있다. 정보 통신 기술이 크게 발전하기 이전에는 남들보다 먼저 정보를 습득하는 것 자체가 큰 경쟁력이었던 시절이 있었다. 과거 금융업이 발달하던 시기 유럽 지역에서 발발한 전쟁의 승패 결과를 가장 먼저 파악해 큰돈을 벌었다는 로스차일드 Rothschild 가문의 일화는 너무나도 유명하다. 그들은 네트워킹과 정보를 바탕으로 나폴레옹 전쟁에서 가장 치열했던 워털루 전투의 결과를 정부보다 하루 먼저 알게 됐다. 영국군이 패했다는 거짓 정보를 흘려 폭락한 영국 국채를 사들이고, 승전보가 전해진 뒤 되팔아 20배 이상의 차익을 냈다. 반면 정보의 홍수 속에 살고 있는 오늘날, 정보란 어떤 의미를 갖고 있을까? 다양한 정보를 얻을 수 있는 채널과 플랫폼의 발달로 현재 우리는 원했든 원치 않았든 무수히 많은 정보들을 접하며 산다. 너무 많은 정보를 접하게 되면서 심지어 아무런 의미 없이 그저 스치고 지나가는 정보 쓰레기들까지 발생하고 있는 상황이다. 하지만 역설적이게도 정보의 홍수 속에서 살다 보니 단 하나의 가치 있는 정보의 중요성이 더욱 부각되고 있다. 그렇다면 가치 있는 정보란 무엇일까? 정보의 전달이 쉽지 않았던 시절에는 정보 그 자체가 의미를 가졌다. 남들보다 하나라도 더 많은 소식을 접하고 알고 있다는 것 자체가 경쟁력인 시절이다. 하지만 오늘날 우리는 누구나 쉽게 다양한 정보에 접근할 수 있는 수많은 채널들이 존재한다. 개개인마다 정보를 얻는 방법과 가치 있는 정보의 기준이 다르겠지만 실시간real time 획득이 가능하고, 사실 그대로의 내용fact을 담고 있으며, 시사하는 바implication가 있는 정보가 오늘날 새롭게 정의하는 '가치 있는 정보'다. 이러한 삼박자가 딱 맞아 떨어지는 정보가 바로 인공위성으로부터 얻을 수 있는 위성 영상과 이미지다.

앞서 통신 위성에 대해 이야기를 했다면, 여기에서는 다양한 정보를 획득하는 데 사용되는 관측 위성에 대해 이야기 해보고자 한다. 관측 위성이란 말 그대로 관측을 목적으로 만들어진 인공위성을 말한다. 위성체에 전자 광학(EO·Electro Optical) 장치나 영상 레이더(SAR·Synthetic Aperture Radar) 모듈이 탑재돼 지구를 관측한다. 쉽게 말하면 인공위성에 달린 고성능 카메라로 지구의 사진이나 영상을 찍는 것이다. 이렇게 얻은 위성 영상과 이미지가 고부가 가치를 창출하는 새로운 가치 정보로 떠오르고 있다. 해외에서는 인공위성으로부터 얻은 정보를 활용하고자 하는 시도가 이미 시작됐다. 2010년 미국의 한 헤지펀드hedge fund에서는 투자 기업 동향 파악을 위해 인공위성 사진을 꾸준히 수집하고 분석한 바 있다. 매장을 드나드는 고객 자동차의 동향 파악을 위해 인공위성으로 찍은 주차장 사진을 활용한 것이다. 실제로 주차장 입출이 잦은 시기에는 해당 매장의 매출이 상승하는 것으로 나타났으며, 이는 성공적인 투자 결과로 이어졌다. 최근에는 인도의 대형 은행이 대출을 위한 농민들의 신용도를 평가하는 과정에서 인공위성 데이터를 활용한다는 소식이 전해지기도 했다. 관측 위성이 촬영한 이미지만으로도 실제 농민이 사용하는 농지의 위치와 농작물의 상태까지도 관측이 가능해졌기 때문이다. 돈이 되는 정보를 제공하는 관측 위성에 대해 조금 더 자세히 알아보자.

전자 광학 위성

고성능의 디지털 카메라가 장착된 인공위성이라고 생각하면 쉽다. 흔히 인공위성 영상이나 사진이라고 하면 떠오르는 기후 관측 사진이나 지도 서비스 등에서 제공되는 위성 사진 등이 대표적이다. 사람이 눈으로 볼 수 있는 영역인 가시광선 대역을 촬영하기 때문에 우리가 일반적으로 알고 있는 사진과 같은 형태의 정보를 얻을 수 있다. 관측 원리는 사진기의 원리와 유사하다. 상대적으로 기술의 난이도가 낮고, 이를 구현하기 위한 비용 등이 저렴하기 때문에 현존하는 관측 위성 중 전자 광학 위성의 비율이 압도적으로 높다. 전자 광학 위성이 찍은 영상이나 사진을 유용하게 활용하기 위해서는 얼마만큼의 고해상도 데이터를 얻을 수 있냐가 중요한데, 크게 두 가지 부문에서 고해상도 데이터를 얻기 위한 기술 발전이 이어지고 있다. 먼저 디지털 이미지 칩셋chipset의 발전이다. 우주상에서 고해상도의 광학 데이터를 얻기 위해서는 큰 경통(대물렌즈와 접안렌즈 사이의 거리를 유지하기 위한 통)을 띄우면 된다. 우주에서 우주를 관측하고 있는 허블 우주 망원경처럼 말이다. 현존하는 최고 성능의 망원경으로 알려져 있는 허블 우주 망원경은 길이만 약 13미터, 무게만 1만 킬로그램이 넘는 것으로 알려져 있다. 하지만 현실적으로 이 정도 크기의 인공위성을 제작하거나 띄우는 데는 한계가 있다. 그래서 소형화 하면서도 고성능을 유지하는 것이 중요하다. 최근에는 500킬로그램 이하의 중소형 관측 위성들이 많이 제작되는데, 중소형 위성인 만큼 경통의 크기를 키우는 데는 물리적 한계가 있다. 하지만 획득한 이미지 데이터를 전자식으로 저장하는 이미지 칩셋의 성능이 발전하면서 이전보다 높은 해상도의 영상 및 이미지를 얻을 수 있게 됐다. 우리가 자주 사용하는 스마트폰에 내장된 카메라의 크기가 커지지 않으면서도 점점 더 고해상도의 사진이나 영상을 찍을 수 있는 것과 같은 원리다.

두 번째는 저궤도 인공위성의 등장이다. 기존 인공위성들은 고궤도(HEO, GEO) 위성의 비중이 높았다. 우리나라의 대표적인 지구 관측 위성인 천리안 위성도 3만 6000킬로미터의 고도에서 임무를 수행 중이다. 하지만 저궤도 인공위성 시장이 급성장하면서 고도 200킬로미터에서 2000킬로미터 사이를 공전하는 인공위성들이 늘어났다. 물리적으로 거리가 가까워진 만큼 고해상도의 데이터 수집이 가능하다. 중·저궤도 인공위성들은 일반적으로 지구가 1회 자전하는 동안 약 12~13회 정도 지구 주위를 공전하게 된다. 인공위성 1대로는 지구상 동일한 지점에 도착하는 데 약 2~3일 정도 소요된다면 인공위성 10여 대를 활용하면 1~2시간 이내에 동일한 지점을 모니터링 할 수 있다. 당연히 인공위성 숫자가 늘어나면 늘어날수록 같은 지점 모니터링을 위해 필요한 준비 시간이 짧아지게 된다. 이와 같은 방법이 가능한 이유는 저궤도 인공위성 시장이 성장하고 있기 때문이다. 저궤도 인공위성의 숫자가 늘어날 수 있었던 것은 결국 발사체 발사 비용의 절감과 소형 인공위성의 등장 덕분이다. 이러한 기술의 진보 덕분에 전자 광학 위성으로 얻을 수 있는 결과물의 퀄리티가 점점 높아지고 있는 것이 사실이다. 과거 지표면으로부터 1미터 이상 떨어진 물체들의 형상만 선명하게 촬영할 수 있었다면 이제는 지표면으로부터 30센티미터 정도 떨어져 있는 물체도 선명하게 촬영할 수 있을 정도다. 인공위성으로 지상에 돌아다니는 차량의 번호판까지 무난하게 식별할 수 있다. 물론 전자 광학 위성의 단점도 있다. 가시광선 대역의 이미지 정보를 얻는 것이기 때문에 빛이 없는 밤이나 구름 등이 시야를 가릴 경우 원하는 정보를 얻지 못한다는 단점이 있다. 하지만 이를 보완하기 위해 영상 레이더 형태의 위성이 존재한다.

영상 레이더 위성

인공위성에서 발사한 레이더 전파가 지표면에 반사돼 돌아오는 시간차를 활용하여 정보를 얻는 방식이다. 전자 광학 위성이 고성능의 디지털카메라를 달고 있는 형태라고 한다면, 영상 레이더 위성은 레이더를 송출할 수 있는 안테나를 달고 있는 형태이다. 인공위성이 이동하면서 레이더 전파를 송수신하는 형태이기 때문에 스캐닝scanning 방식이라고 생각하면 이해하기 쉽다.

영상 레이더 위성은 전자 광학 위성과 장단점이 뚜렷하게 구분된다. 전자 광학 위성은 기상 상태에 따라 지표면 관측 가능 여부가 달라지고, 가시광선을 활용해 정보를 얻는다는 점에서 야간에는 관측이 불가능하다는 단점이 있다. 반면 영상 레이더 위성은 이러한 제약 사항 없이 언제나 원하는 정보를 100퍼센트 얻을 수 있다는 장점이 있다. 하지만 상대적으로 기술 난이도가 높고, 영상 레이더 위성 제작 비용이 비싸다는 단점 때문에 범용성이 떨어진다는 지적을 항상 받아왔다. 관측 위성 중 전자 광학 위성의 비중이 압도적으로 높은 이유이기도 하다. 하지만 전자 광학 위성과 영상 레이더 위성으로 부터 얻을 수 있는 결과물의 차이가 분명히 있기 때문에 군사 용·특수 목적용 등에 영상 레이더 위성이 활용되고 있다. 전 자 광학 위성으로 얻은 데이터의 시인성이 훨씬 좋다. 우리가 일반적으로 접하는 사진 형태이기 때문에 사물의 위치 변화 나 현재 상태를 파악하기에 용이하다. 영상 레이더 위성으로 부터 얻은 정보는 레이더 영상·이미지 형태로 일반적인 시인 성은 조금 떨어진다. 하지만 지표면 지형이나 사물의 높낮이, 형상 등을 파악할 수 있다는 장점이 있다. 시인성 높은 2D 사 진과 흑백의 3D 레이더 사진의 차이라고 보면 된다. 일장일 단이 명확하기 때문에 전자 광학 위성과 영상 레이더 위성은 상호 보완적인 역할을 하고 있다. 영상 레이더 위성만의 특징 을 꼽자면 지구를 향해 조사照射하는 전자파 파장의 길이에 따라 얻을 수 있는 정보가 다양하다는 점이다. 상대적으로 파 장의 길이가 짧은 X 밴드(X Band, 8~12기가헤르츠) 대역의 전 자파를 이용하면 대부분 지표면에서 반사돼 돌아오지만, 상 대적으로 파장의 길이가 긴 L 밴드(L Band, 1~2기가헤르츠) 대 역의 전자파를 이용하면 일정 부분 지표면을 투과한 형태의 정보를 얻을 수 있다. 이를 바탕으로 토지의 성분, 자원 매장 량 등을 확인할 수 있다. 지질학 연구 또는 나아가 군사용 등 으로 영상 레이더 위성이 선호되는 가장 큰 이유다. 최근에는 발사체 비용의 절감, 인공위성의 소형, 경량화 등으로 전반적인 우주 발사 비용이 줄어들면서 영상 레이더 위성의 선호도가 높아지고 있는 것도 사실이다. 이에 미국과 유럽 등에서는 저렴한 영상 레이더 위성을 띄워 데이터를 수집·분석·판매하고자 하는 스타트업들이 생겨나고 있다. 우주 발사 비용이 줄어듦에 따라 저렴한 비용으로 영상 레이더 위성을 띄우고, 그로부터 얻는 정보를 가공·분석해 판매하는 형태의 비즈니스 모델이 만들어 진 것이다. 물론 전자 광학 위성과는 다른 형태의 정보들을 새롭게 얻고 이를 활용하고자 하는 수요가 뒷받침됐기 때문이다. 세계 각국의 국가 기관은 물론 각종 연구 시설, 빅데이터 회사 등이 주요 수요처다. 인공위성 지도 서비스를 제공하는 인터넷 기업이 될 수도 있고, 군사 데이터 확보가 중요한 군사 기관이 될 수도 있다. 금융 시장에서도 항공 우주 데이터를 활용하고자 하는 움직임이 나타나고 있다. 항공 우주 데이터가 글로벌 기후 상태, 원자재 수급 상황 등을 파악하는 투자 정보 수단이 되고 있는 것이다. 반드시 유념해야 할 부분은 뉴 스페이스 시대를 맞아 우주라는 공간이 소수가 아닌 다수가 활용할 수 있는 새로운 개척지로 떠오르고 있는 가운데, 전자 광학 위성과 영상 레이더 위성은 양자택일의 대체재가 아닌 상호 보완재로 함께 성장할 가능성이 높다는 점이다.

우주 데이터 플랫폼 경쟁

오늘날의 인공위성은 목적에서 수단으로 변모하고 있다. 성공적인 발사 자체가 목적이던 시절을 넘어 이제는 더욱 더 유용한 데이터를 수집하기 위한 수단으로 바뀌는 것이다. 이와 같은 변화가 가능했던 이유는 민간 기업들이 발사 비용을 절감했기 때문이다. 수천 킬로그램에 달하던 인공위성은 10킬로그램 내외의 초소형 인공위성으로 바뀌었다. 한 번의 발사로 수십 대의 인공위성을 발사할 수 있게 된 것이다. 발사 실패에 대한 부담도 줄어들고, 실제 발사 성공률도 높아지는 추세다. 유인 우주선이 발사 도중 폭발하는 사고가 발생하더라도 탑승 우주인을 안전하게 구출할 수 있는 기술까지 개발되고 있다. 우주에 대한 도전이 이제는 위험한 도박이 아니라 누구나 시도해 볼 수 있는 모험이 되어가고 있다. 안전한 우주여행의 꿈도 머지않았다. 수단이 된 인공위성으로 얻는 데이터를 어떻게 효율적으로 활용할 것인지에 대한 숙제가 남게 됐다.

우선 인공위성으로부터 얻게 된 데이터·정보의 소유권은 인공위성을 소유하고 있는 사람에게 있다. 인공위성의 위탁 생산을 의뢰하면서 협의에 따라 데이터 소유권을 나누는 경우도 간혹 있지만, 기본적으로는 인공위성을 소유한 사람·기업·국가의 소유다. 그렇다면 인공위성을 소유하지 못한 사람이 인공위성으로부터 얻을 수 있는 데이터를 확보하기 위해서는 어떻게 해야 할까? 내 소유의 인공위성을 쏘거나, 또는 인공위성을 소유한 사람으로부터 데이터를 구매해야 한다. 인공위성 한 기를 쏘는 데 막대한 비용이 들었던 과거에는 감히 내 소유의 인공위성을 직접 발사한다는 상상을 쉽게 하기 힘들었다. 하지만 인공위성의 소형화, 발사체 발사 비용의 절감 등으로 전반적인 비용이 낮아지면서 경제적 진입 장벽이 낮아지자 너도나도 인공위성 데이터 확보를 위한 경쟁에 뛰어들었다. 위성 데이터 확보 경쟁은 자체 인공위성을 발사하는 데서부터 시작한다. 미개척지에 가까운 우주에서 얻는 정보는 활용 가치가 매우 높다. 고부가 가치를 지닌 아이템에 속한다. 사진 한 장 찍어서 비싸게 팔 수 있다는 말이다. 해외에서는 이미 다수의 상업용 인공위성 기업들이 설립돼 자체 소형 인공위성 발사 경쟁을 하는 중이다.

　　당장 우리나라에서도 일어나고 있는 일이다. 국내에서도 경쟁력 있는 기업들이 속속 등장하고 있다. 기본적인 사업 구조는 해외와 비슷하다. 이미 발사된 우리나라의 인공위성을 활용하거나 또는 초소형 인공위성을 새롭게 띄워 얻는 영상 데이터를 활용하고 있다. 항공 우주 데이터를 단순 판매할 수도 있지만, 인공지능을 기반으로 위성 영상 데이터를 분석하고 솔루션을 제공하는 형태의 플랫폼 비즈니스 모델도 개발 중이다. 이미 자체적으로 초소형 인공위성을 쏘아 올려 데이터 수집에 나선 해외 기업들과는 달리, 우리나라에서는 자체적으로 초소형 인공위성을 띄우기까지 3~5년 정도의 시간이 더 필요할 것으로 예상된다. 하지만 우리나라만의 기술로 인공위성 소형 경량화에 나선다는 점에서 의미가 있고, 벌써 인공위성 데이터 플랫폼 도입을 희망하는 글로벌 고객들이 있다는 점에서 국내 기업들의 성장 속도는 가파르게 나타날 것으로 예상된다. 우주 비즈니스는 이제 경제의 한 축이 되어가고 있다.

우주 산업의 역사는 짧다. 1957년 구소련의 세계 첫 인공위성 발사, 1969년 인류의 달 표면 도착, 1992년 우리나라가 첫 인공위성을 발사한 것까지. 모두 오랜 시간이 지나지 않았다. 이 짧은 기간 우주 산업은 빠른 속도로 성장했다.

특히 우리의 실생활을 바꾸는 다운스트림 분야, 즉 발사체 이외에 위성체·지상체·위성 서비스 분야에서는 국내 기업들이 선전하고 있고, 또 세계적으로도 기술력을 인정받는 사례들이 계속 나오고 있다. 국내 기술로 개발한 고체 연료 발사체가 국내 기업들이 설계하고 제작한 초소형 위성들을 가득 탑재한 채 상공으로 날아올라 성공적으로 임무를 완수하는 날이 조금씩 다가오고 있다.

에필로그   우주에 투자하는 이유

달과 화성은 더 이상 상상 속의 공간이 아니다. 지구를 넘은 새로운 기회의 땅이고, 혁신의 주 무대다. 우주에서 여행하고, 잠시 살아보고, 우주에 쏘아 올린 인공위성이 세계의 디지털 격차를 줄이는 게 가능한 시대가 오고 있다. 비즈니스 가능성도 풍부하다. 정확히 무엇을 얻을 수 있을지 확신할 수 없으면서도, 세계가 우주 개발에 집중하는 이유다. 중심에는 민간 기업이 있다.

우주는 마치 신대륙과 같다. 1492년 신대륙을 발견하고, 대항해 시대의 서막을 열었던 크리스토퍼 콜럼버스 Christopher Columbus의 모험도 처음에는 순탄치 않았다. 15세기에 크리스토퍼 콜럼버스가 대서양 항해 탐험을 제안하고 지원을 요청했지만 환영을 받지 못했다. 막대한 투자금과 리스크 대비 실질적으로 얻는 것이 있을 가능성은 그다지 높지 않았고, 미지에 대한 탐험 성격이 짙었으니 그럴 만했다. 이탈리아인이었던 콜럼버스는 자국이 아닌 스페인 왕궁으로부터 항해 비용을 지원받아 신대륙 발견에 나섰다. 그나마 스페인 왕궁도 콜럼버스의 계획을 그다지 탐탁지 않아 했다. 하지만 모험의 결과가 놀랍게도 아메리카 대륙 발견으로 이어지면서 당시 스페인은 유럽 최강의 부국으로 떠오르게 된다.

이전까지만 해도 유럽 최대의 경제 대국은 이탈리아였다. 그들은 로마 시대 이후 지속해서 지중해 지역의 패권국으로서의 입지를 공고히 다지고 있었고, 우리가 잘 알고 있는 피렌체Firenze, 베네치아Venezia, 밀라노Milano 등은 경제 대도시임과 동시에 문화, 종교, 예술 모든 측면에서 유럽을 지배하고 있는 상황이었다. 많은 이들에게 거상이자 금융인으로서 잘 알려진 피렌체의 메디치medici 가문 역시 이 당시에 위상을 떨치고 있었다. 하지만 콜럼버스가 대서양을 가로지른 신대륙 발견에 성공하자, 갑작스럽게 유럽의 무역 항로는 지중해에서 대서양으로 이동했다. 무역과 경제의 패권이 이탈리아에서 스페인으로 넘어가게 된 것이다. 특히 중국의 차tea, 아메리카 대륙의 담배, 커피, 코코아, 동남아시아의 향신료, 사탕수수에 대한 교역량은 전례 없이 폭증하면서 스페인과 대서양 무역에 대한 의존도가 크게 높아졌다. 아이러니하게도 이탈리아인이었던 크리스토퍼 콜럼버스가 자국 경제의 붕괴와 옆 나라인 스페인의 급부상을 직접적으로 견인했던 셈이다. 물론 콜럼버스의 신대륙 항해를 지원해 주지 않은 이탈리아 도시 국가들에 일차적인 책임이 있지만 말이다.

우주 산업 역시 아직까지는 큰 환영을 받지 못하고 있다. 막대한 투자금에 비해 얻을 수 있는 실적에 대한 의심의 눈초리가 많기 때문이다. 스페인이 부국이 됐듯, 뉴 스페이스 시대가 오면 시장을 선점한 민간 기업들이 막대한 부와 시장 장악력을 갖게 된다.

인류는 끊임없이 미지의 영역을 개척했다. 이제는 우주가 도전 대상이다. 15세기에 콜럼버스가 등장한 것처럼 지금 우리가 괴짜라고 부르는 일론 머스크나 제프 베조스, 리처드 브랜슨이 21세기의 콜럼버스가 될 수도 있다. 그리고 그들이 개척할 달 또는 화성이 우리의 삶을 크게 바꿀 수도 있다. 물론 지금은 우습게 들릴 수도 있다. 그러나 무모한 도전이라고 치부하기엔 통신, 인터넷, 관측 등 우주 산업이 인류의 삶에 큰 영향을 줄 것이 자명하다. 위대한 도전을 하고 있는 천재들에게 의심의 눈초리 대신 박수를 보내고 싶은 것도 이런 이유다.

가능성을 믿고 도전하는 많은 연구자들은 지금 이 순간에도 우주를 향한 혁신을 고민하고 있다. 과거에 우리는 정보 통신망 고도화 추진 계획과 초고속 정보 통신망의 빠른 도입으로 인터넷 강국의 반열에 올랐다. 지금 역시 미래를 내다보는 투자가 필요한 시점이다. 냉전 시대 미국과 소련의 경쟁이 그랬던 것처럼 기술을 과시하기 위해서가 아니다. 막대한 부를 쌓기 위한 것만이 이유는 아니다. 궁극적으로 인류의 미래를 위해서다.

주

1 _ rival(n.), 온라인 어원 사전

2 _ U.S Army 324th Infantry, 《The Combat History of the 44th Infantry Division 1946》, Army & Navy Publishing Company, 2020. 9. 21.

3 _ 최진홍, 〈냉전이 쏘아올린 공〉, 《이코노믹리뷰》, 2020. 11. 6.

4 _ 김외현, 〈창어 4호 달 뒷면 착륙에 중국이 들썩 "조국이 자랑스럽다"〉, 《한겨레》, 2019. 1. 3.

5 _ 고재원, 〈中 창어4호, 최초로 달 뒷면에 내렸다〉, 《동아사이언스》, 2019. 1. 3.

6 _ Laura Zhou, 〈China has sent more satellites into space this year than US and Russia, report says〉, 《South China Morning Post》, 2020. 12. 3.

7 _ 김기용, 〈中 창어 5호, 달 표면 샘플 채취해 지구로 무사 귀환〉, 《동아일보》, 2020. 12. 17.

8 _ 구본준, 〈아시모프의 50년 거작 '파운데이션' 국내 완간〉, 《한겨레》, 2013. 10. 14.

9 _ 애슐리 반스·안기순, 《일론머스크, 미래의 설계자》, 김영사, 2015, 154~155쪽.

10 _ 임기수, 〈다시 생각해도 오금 저리는 '인류 멸망' 일으킬 뻔 했던 아찔한 역사적 사건 5〉, 《인사이트》, 2020. 12. 4.

11 _ 크리스천 데이븐포트, 한정훈, 《타이탄》, 리더스북, 2019, 105쪽.

12 _ 크리스천 데이븐포트, 한정훈, 《타이탄》, 리더스북, 2019, 303~314쪽.

13 _ 크리스천 데이븐포트, 한정훈, 《타이탄》, 리더스북, 2019, 349쪽.

14 _ 권예슬, 〈스페이스X는 왜 로켓을 재활용할까?〉, 《동아사이언스》, 2018. 3. 7.

15 _ 홍예지, 〈머스크의 '팔콘 헤비' 발사 비용 단 1627억〉, 《파이낸셜뉴스》, 2018. 2. 13.

16 _ 방성수, 〈제프 베조스의 블루오리진 "1년 안에 첫 민간 우주여행자 나온다"〉, 《조선비즈》, 2017. 3. 27.

17 _ 스페이스X 공식 홈페이지.

18 _ 크리스천 데이븐포트, 한정훈, 《타이탄》, 리더스북, 2019, 299쪽.

19 _ 국제항공연맹(FAI)은 우주가 시작되는 고도 100킬로미터를 카르만 선이라고 지칭한다.

20 _ 크리스천 데이븐포트, 한정훈, 《타이탄》, 리더스북, 2019, 422쪽.

21 _ 크리스천 데이븐포트, 한정훈, 《타이탄》, 리더스북, 2019, 429쪽.

22 _ 크리스천 데이븐포트, 한정훈, 《타이탄》, 리더스북, 2019, 387쪽.

23 _ 황도순, 〈인공위성을 이용한 초고속 인터넷 서비스 개발 동향〉, 《항공우주산업 기술동향》16(1), 2018.

24 _ 김인오, 〈머스크는 상장 멀었다지만… 모건스탠리 "스페이스X 시장가치 113조원"〉, 《매일경제》, 2020. 10. 23.

25 _ Lora Kolodny, 〈Elon Musk's SpaceX is raising up to $1 billion at $ 44 billion valuation〉, CNBC, 2020. 7. 23.

26 _ Morgan Stanley, 〈Space: Investing in the Final Frontier〉, 2020. 7. 24.

북저널리즘 인사이드　　　지구 너머의
비즈니스 플랫폼

우주를 둘러싼 경쟁의 카테고리는 정치에서 경제로 바뀌었다. 과거에는 패권을 잡으려는 국가가 우주 개발을 주도했지만, 지금은 우주 스타트업들이 주인공이다. 이들의 목적은 국가의 위상을 높이는 게 아니다. 우주에서 새로운 비즈니스를 개척해 부를 창출하는 것이다.

중심에는 두 억만장자가 있다. 스페이스X의 일론 머스크와 블루오리진의 제프 베조스다. 이들은 인류를 달과 화성에 보내겠다고 공언한다. 탐사를 넘어 여행과 이주까지 말한다. SF 영화처럼 들리지만 현실이 되어 가고 있다. 한 번 쏘아 올릴 때 엄청난 비용이 들었던 로켓 발사체를 재활용하는 기술 덕분이다.

저자는 우주 스타트업의 큰 그림에 주목한다. 일론 머스크의 테슬라는 스페이스X를 통해 플랫폼 기업을 꿈꾼다. 1만여 개의 위성을 쏘아 올려 전 지구의 통신 네트워크를 연결하는 스타링크 프로젝트가 비전의 핵심이다. 스타링크 인터넷망을 통해 자동차를 스마트폰처럼 활용하게 될 수도 있다. 아마존도 마찬가지다. 더욱 정교한 인공위성 위치 정보GPS를 기반으로 물류의 라스트 마일 서비스를 획기적으로 바꿀 수 있다. 모두 우리 삶과 직결돼 있다.

우주 산업은 무한한 가능성을 품고 있다. 우주여행과 우주 인터넷이 전부는 아니다. 일본 애스트로스케일Astroscale이라는 스타트업은 수명이 다한 인공위성과 같은 우주 쓰레기를 청소하겠다는 사업 구상을 내놨다. 중국 스타트업 오리진 스페이스Originspace는 에너지 자원이 될 수 있는 광물 채굴 로봇을 개발했다. 우주 스타트업들은 전에 없던 방식으로 지구의 문제를 해결할 수 있다고 믿는다. 이들이 앞다퉈 우주에 투자하는 이유다. 우주 경제는 이미 시작됐다.

이세영 에디터